La Bibliothèque d'Abdul Alhazred

1

LES ÉDITIONS DE L'ŒIL DU SPHINX
36-42 rue de la Villette
75019 PARIS, France
www.œildusphinx.com
ods@œildusphinx.com

Jacques BERGIER

ADMIRATIONS

Le Code de la propriété intellectuelle n'autorisant aux termes de l'article L. 122-5, 2° et 3°a), d'une part, que les " copies de reproductions strictement réservées à l'usage privé du copiste et non destinées à une utilisation collective " et, d'autre part, que les analyses et les courtes citations, dans un but d'exemple ou d'illustration, " toute représentation ou reproduction intégrale ou partielle faite sans le consentement de l'auteur ou de ses ayants droit ou ayants cause, est illicite " (art. L. 122-4). Toute représentation ou reproduction par quelque procédé que ce soit, contribuerait donc à une contrefaçon sanctionnée par les articles L. 355-2 et suivants du Code de la propriété intellectuelle.

© **Christian Bourgois éditeur, 1970**

© **2001 LES ÉDITIONS DE L'ŒIL DU SPHINX
et L'ASSOCIATION DES AMIS DE JACQUES BERGIER**

ISBN : 2-914405-02-2
EAN : 9782914405027
ISSN de la collection : 1627-4474
Dépôt Légal : mars 2001

Couverture : Photographie propriété de la famille Pauwels ©

Jacques **BERGIER**

ADMIRATIONS

LES ÉDITIONS DE L'ŒIL DU SPHINX
36-42 rue de la Villette
75019 PARIS, France
www.œildusphinx.com
ods@œildusphinx.com

Note de l'éditeur :

Nous remercions vivement Christian Bourgois de nous avoir autorisés à rééditer cet ouvrage mythique épuisé depuis trente ans.

Le texte qui suit reprend l'intégralité du livre de Jacques Bergier dans sa première édition de 1970. Quelques corrections typographiques ont été apportées, entre autres dans les citations de titres. Tout le reste reprend le texte de Bergier dans sa forme originale. Les notes servant à éclaircir ou rectifier certains points, notamment bibliographiques, sont de l'éditeur, sauf indication contraire.

Pour l'aspect bibliographique, si les listes d'ouvrages en fin de chapitre ont été conservées (bien que parfois très approximatives), elles ont à chaque fois été abondamment complétées par une bibliographie actualisée (non exhaustive pour certains auteurs). Les titres français sont indiqués par des notes lorsque, comme il le fait assez souvent, Bergier désigne une œuvre alors inédite en français par une traduction (parfois approximative) de son titre original : dans ces cas-là, le titre original puis sa traduction effective en français sont précisés. Lorsque les ouvrages cités — même si Bergier en a traduit les titres — sont toujours inédits en France, une note signale, dans la mesure du possible, son titre d'origine.

Préface

Jacques Bergier, mythe ou réalité ?

PRÉFACE

Jacques Bergier, mythe ou réalité ?

par Patrick Clot

A Isabelle et Jacques Vichniac.
A Georges Amar, par le cœur et par l'esprit

Qui était Jacques Bergier ? Certainement une personnalité courageuse, complexe, et mystérieuse. Les facettes de sa nature sont nombreuses et paradoxales. Derrière un physique ingrat et un accent russe pittoresque, se cachait un esprit exceptionnel capable de lire à une vitesse extraordinaire. Cette déroutante rapidité de lecture a souvent soulevé un certain scepticisme. Bergier s'est prêté à une expérience dans le laboratoire de Looz-les Lille[1] où il fut soumis à une série de tests. Les résultats se sont avérés surprenants. Il a été ainsi démontré qu'il était capable de lire en moyenne deux millions de caractères typographiques à l'heure. Ce n'était pourtant qu'un aspect de ses multiples facultés. S'il dévorait les livres avec une rapidité prodigieuse, il en retenait aussi le contenu. Mais faites attention, ne vous méprenez pas, ne jugez pas Jacques Bergier comme une mécanique ou un ordinateur surpuissant ! D'autres n'ont pas hésité à franchir ce pas ! C'était un être sensible dont la modestie n'avait d'égal que son courage. Il a su aussi utiliser cette mémoire dans des situations tragiques. J'en parlerai plus loin. Certes, Bergier éprouvait un besoin boulimique de parfaire, à la fois, son savoir et ses connaissances. Cécile Romane écrit dans son merveilleux livre *Les Téméraires* : « La légende familiale voulait qu'il ait lu tout Jules Verne à quatre ans. La mère de Bergier, Tounia, se montrait prodigieusement fière de son fils dont elle vantait l'immense intelligence. En général, pince-sans rire, il ajoutait : « Tu oublies que j'ai inventé les moulins à vent » et Tounia, renchérissait : « Mais oui, chère amie, figurez-vous qu'il a inventé les moulins à vent ». Isabelle — la sœur de Bergier — et Jacques pouffaient derrière son dos [2]. » Quant à son père, il a eu ces paroles profondes, graves, dont il avait le secret : « Ce garçon ne fera jamais un bon épicier. » Bergier était doué d'une intuition rarement prise en défaut, ce qui lui permettait de partager généreusement ses connaissances avec les personnes capables de les faire fructifier. Il connaissait parfaitement le potentiel des ses interlocuteurs. A ce sujet, Charles-Noël Martin[3] dit de lui : « Il trimbalait un vieux cartable bourré de livres qu'il avait trouvés et achetés la veille, lus la nuit et qu'il donnait le lendemain aux uns et aux autres, selon leur spécialité, avec autant d'idées de calcul, de recherche, de sujet de thèse, de nouvelle, de roman, de synopsis de film ou d'émission. L'écouter était un enrichissement continuel, inépuisable. On se sentait plus instruit, plus intelligent quand il disparaissait aussi rapidement qu'il était arrivé, pour recommencer chez quelqu'un d'autre. »

On lui reconnaît communément la faculté de capter et de retranscrire les phénomènes du domaine de l'étrange, de l'irrationnel, de l'inexpliqué. D'ailleurs sa carte de visite indiquait avec humour sa profession : « Jacques Bergier : Amateur d'insolite et scribe des miracles ». Il souhaita que cette inscription figurât sur sa tombe sous l'étoile de David. Bergier avouait que les informations les plus bizarres et les faits les plus étranges venaient naturellement à lui.

Nous avons à ce sujet des témoignages. Certains de ceux-ci sont rangés grâce à la magie de Claude Seignolle dans le livre *Invitation au château de l'étrange* [4]. Le livre de Seignolle est un catalogue non exhaustif de faits étranges recueillis méticuleusement. Vous y découvrirez « une petite suite bergeresque », aubade campagnarde, pour notre matinal magicien[5], orchestrée sur un rythme endiablé par l'éloquence aiguisée de Claude Seignolle : « Mon cher amateur et scribe des miracles, Jacques Bergier, co-auteur du *Matin des Magiciens* vit au milieu d'un élevage de faits surprenants et de coïncidences qui croissent grassement chaque jour sans que notre « éleveur » se donne le mal de les nourrir. Comme à Jean Ray « tout lui arrive », mais il y a une « façon Bergier » de pincer le document, même tragique, avec un humour qui lui est particulier. »

Il fut aussi un grand vulgarisateur, mais beaucoup de personnes en place le considéraient, avec un sourire entendu, comme un grand affabulateur. Par ses critiques pertinentes et ses prophéties, l'homme dérangeait les scientifiques très attachés à leur formation universitaire. Jacques Bergier fut la cible favorite de l'Union Rationaliste. Les hommes en noir le méprisaient, le considéraient comme traître aux sacro-saints évangiles du savoir académique. Ceci encouragea les inquisiteurs du rationalisme à se liguer pour lui élever un bûcher dont les flammes étaient sustentées par leur dogmatisme restrictif. Combien de livres, de pamphlets et de sarcasmes Jacques Bergier a-t-il dû souffrir ? Néanmoins, il écrivait dans son livre *L'espionnage stratégique*[6], un excellent sujet de réflexion, « Cela vous paraît invraisemblable ? A nous aussi. Mais qui sait ce que nous réserve l'avenir. » C'est là une belle preuve d'ouverture d'esprit au pays de Marcellin Berthelot et de Sainte-Claire-Deville qui refusèrent d'admettre l'idée même de l'atome. Le rejet de Bergier par la communauté scientifique française révoltait bien des personnes. Charles-Noël Martin en fit partie : « Maintenant, qu'on ne vienne pas me dire que Bergier n'était pas un scientifique alors qu'il en avait justement la pure mentalité, idéale, celle qui manque tellement à nos chercheurs, générosité, désintéressement, compréhension et humanité y compris. On a voulu le faire passer pour le champion des fausses sciences, du soucoupisme, des phénomènes psi et de la science-fiction érigée en système d'absurdités. Toute la hargne du système universitaire qui poursuivit Bergier est venue de ce qu'il se projetait constamment dans le futur, il y vivait. Or, le futur c'est encore l'inconnu, et l'inconnu n'est pas compris. On ne le comprit donc pas, du moins là où il aurait apporté le plus. »

Ensuite vint la guerre. Lors de sa rencontre avec de Gaulle chez Paul Reynaud, en avril 1940, Bergier défendait l'idée que la France devait accélérer les recherches atomiques. Il parla avec l'énergie semblable à celle qu'il déploya à découvrir la base de

Pennemünde, base de recherche et de fabrication des fusées nazies V1 et V2. Nous savons aujourd'hui que Jacques Bergier, Jacques Eskenazi et Helbronner ont créé le premier réseau de Résistance scientifique. Le réseau « Marco-Polo. » Cela se passait à Lyon durant le mois de novembre 1942, le réseau a compté jusqu'à 1420 agents connus, dont 56 sont morts et dont 79 furent déportés. Le Colonel Rémy parle en ces mots du réseau « Marco-Polo » et de Jacques Bergier : « Avec leurs camarades inconnus des diverses organisations de renseignements ou de sabotage qui travaillaient comme eux dans l'ombre, les agents du réseau « Marco-Polo » étaient des contestataires, qui ne se battaient pas pour améliorer leurs conditions d'existence, mais pour signifier leur refus de se soumettre au prétendu « Ordre nouveau » que Hitler avait la prétention d'imposer en Europe... » Cette phrase nous donne quelques caractéristiques de la personnalité de Jacques Bergier, notamment un désintéressement complet de sa personne au profit de la justice, de la connaissance et de l'amitié. Ces traits de caractères sont confirmés par des témoignages poignants de Résistants comme André Louvel, Louis Jolivet ou de Pierre Daix...

Jacques Bergier fut lui-même déporté en novembre 1943, suivant un tragique parcours qui le mena au camp de Mathausen où il survécut par des prodiges de la vie intérieure.

« A Mathausen, les détenus agonisants faisaient appel à lui ; Bergier n'avait pour plume et papiers que sa prodigieuse mémoire... Ainsi, il transmit aux familles des mourants, leurs derniers messages. » Ce propos m'a été communiqué par madame Janine Modlinger, la fidèle secrétaire de Jacques Bergier.

« Durant l'hiver 1945, au camp de Mathausen, Bergier était un AKS, selon la terminologie concentrationnaire, un cas d'épuisement terminal. Il fut porté à l'infirmerie, que dirigeait le peintre et éditeur d'art Bill Hooricks. Ce Flamand à la Thyl Uylenspiegel s'était dessiné un beau diplôme de médecin, à l'aide duquel il sauvait des vies à la chaîne. Bergier dit à son compagnon d'infortune Bill Hooricks : « Je pourrai mourir la tête haute, car j'ai fait ma part de travail et j'ai acquis une âme. » Pourtant, ça le tourmentait de ne pas transmettre au monde un message important pour « les gens d'après. » Curieux, Hooricks voulait savoir de quoi il s'agissait. Quand les forces de Jacques Bergier lui furent un peu revenues, il exposa son projet à Bill Hooricks. C'était le *Matin des Magiciens*. » Vous trouverez ce texte de Francis Moracchini dans un livre à paraître « Louis Pauwels. » Ce livre collectif, avec notamment la participation de Gabriel Veraldi, réunira des textes inédits de Pauwels datant des années 1940.

Après Mathausen, en 1946, Bergier est décoré de la Légion d'Honneur par le Général de Gaulle et il reçoit, le 6 mai 1946, ce certificat du Maréchal Montgomery : « By this Certificate of Service, I record my appreciation of the aid rendered by Bergier Jacques, as a volunteer in the service of the United Nations for the great cause of Freedom. » Vous en trouverez copie dans le livre de Bergier : *Agents secrets contre armes secrètes*[7].

Après la Seconde Guerre mondiale, Albert Mirlesse et Jacques Bergier créèrent une société de transfert de technologie. Bergier s'occupait alors d'essence synthétique pour le compte du gouvernement indien. Après cinq années de collaboration, il décidait de suivre un autre chemin, qui l'emmenait vers l'écriture scientifique et la critique littéraire. La raison de cette rupture est la suivante : « J'ai survécu parce que j'étais porteur d'un message, et au lieu de le communiquer, je travaille pour de l'argent. » Alors Bergier saborda Recherche et Industrie pour créer avec Robert Amadou *La Tour St-Jacques* et contribuer, notamment, au succès de la revue *Fiction*.

La revue *Fiction* présentait des nouvelles, proposait des analyses, critiquait des œuvres de science-fiction et renseignait les lecteurs sur les nouveautés autant scientifiques que techniques ; elle permit aussi de promouvoir des auteurs inconnus ou mal connus et même méprisés. Claude Seignolle faisait partie de cette dernière catégorie ; Jacques Bergier n'hésita pas de souligner, avec passion, les qualités de ses nouvelles. La revue vit arriver un jeune lycéen qui deviendra un grand auteur de science-fiction. Ce jeune homme n'est autre que Gérard Klein. Il travailla d'ailleurs en tandem avec Bergier aux éditions Satellite, Klein analysait les œuvres de science-fiction d'un point de vue littéraire et Jacques Bergier les critiquait sous l'angle du scientifique.

Je souhaite rendre hommage à Pierre Versins, ami de Jacques Bergier, car il a travaillé à *Fiction* et parce qu'il a aussi écrit une encyclopédie très riche en renseignements : *L'Encyclopédie de l'utopie et de la science-fiction*[8]. Vous pourriez lire, si vous possédez des revues rares ou si vous hantez les bibliothèques, une présentation de cette encyclopédie par Jean-Pierre Andrevon — auteur de science-fiction — dans *Horizons du Fantastique*[9]. Andrevon présente avec humour le pavé littéraire de Versins. Je le cite : « C'est assez dur à voler : ça doit bien faire dans les quarante kilos tout mouillé, et pour le glisser sous les pans de son anorak, il faut être un virtuose, surtout mouillé, ça fiche le camp comme un rien entre les doigts, ça vous écrase en vache les orteils à travers les mocassins. Mais rien ne vous oblige à le voler tout mouillé. Sec, ça avoisine quand même les vingt-cinq kilos. C'est déjà mieux, et puis on n'en perd pas une goutte, si je puis dire, et ça ne laisse pas de trace derrière soi lorsque l'on se tire de la librairie. » Jean-Pierre Andrevon termine ainsi son article : « Andrevon qui ne masquera pas plus longtemps son incompétence sous les fanfreluches de l'humour ». Que de chemin parcouru depuis cet article, Monsieur Andrevon... Après cette parenthèse je reviens en 1956 lorsque Pierre Versins fondait « Le club Utopia. » A sa création, il rassemblait cinq membres. Ils se réunissaient dans un petit local dans le centre ville de Lausanne où ils y parlaient de science-fiction. Les membres enthousiasmés invitaient leurs amis, leurs copains. Le groupe dépassa rapidement la centaine de membres et ils fondèrent le journal *Ailleurs*. Le titre de la publication donnera son nom au musée de la science-fiction et de l'utopie à Yverdon : La Maison d'Ailleurs, où vous y trouverez la collection de PierreVersins et beaucoup d'autres raretés de la littérature dite marginale. L'actuel conservateur, Patrick Gyger, nous propose également de nombreuses expositions sur des thèmes aussi divers que passionnants.

Permettez-moi, amis lecteurs, de partager avec vous cette anecdote : « Mettez-vous là mes agneaux » dit Jacques Bergier. Pierre et Martine Versins échangèrent un regard interrogateur. Bergier, le sourire malicieux, mesurait leur désarroi. Un rire mécanique se fit entendre dans son appartement, un grenier loué dans le modeste Hôtel des Deux-Savoies en face des Folies Bergères. Après un ample mouvement du bras, des feuilles manuscrites, des documents divers et quelques livres s'envolèrent dans la pièce. C'était un « rangement » dans le plus pur style Bergier... Les Versins étonnés découvraient le trésor caché : un canapé. Rendre visite à Bergier était une odyssée martienne, un voyage vers ailleurs.

Jacques Bergier avait coutume de dire que l'esprit est comme le parachute : « Il ne nous sauve que lorsqu'il est ouvert. » Et pour que l'ouverture d'esprit soit complète, il en appelait au fantastique, à l'imaginaire, au merveilleux, à l'insolite, au mystérieux. C'est une des raisons pour lesquelles il fut, en France, l'interlocuteur des maîtres de la science-fiction.

Bergier fit connaître « Le Maître de Providence. » Il dit à ce propos : « J'ai mis 25 ans pour faire connaître Lovecraft en France. » La passion de Bergier pour Howard Phillips Lovecraft est connue par tous les lecteurs avertis. La légende veut qu'il ait correspondu avec HPL. Mythe ou réalité ? C'est en découvrant l'anthologie de Dashiell Hammett *Creeps by night* (1931) avec une nouvelle de Lovecraft *La musique d'Erich Zann* que Jacques Bergier décida d'écrire à Lovecraft c/o Dashiell Hammett. La correspondance entre les deux hommes — si elle a existé — aurait duré près de six ans, jusqu'à la mort de HPL en 1937. Recouvrerons-nous un jour leurs précieuses correspondances ? Il n'y a que fort peu de chance, car en 1978 Jacques Bergier disait : « Je suis actuellement à ma troisième bibliothèque, les deux autres ont péri. » Il est dommage qu'une partie de son patrimoine ait ainsi disparu. La reconstitution et la diffusion de son héritage intellectuel est l'une des préoccupations de la jeune Association des Amis de Jacques Bergier[10] créée voici trois ans à Genève par Serge Serrapian, Roland Meille, et l'auteur de ces lignes. La réédition du livre *Admirations* est un premier pas qui va dans ce sens et nous remercions l'équipe des Éditions de l'Œil du Sphinx.

La première édition du livre *Admirations* est le fruit de la rencontre fortuite entre Christian Bourgois et Jacques Bergier. Fortuite ? Une manifestation du « Conseil Galactique » aurait certainement dit Bergier. Ils se rencontrèrent pour la première fois en 1967 et de leurs entretiens naquit l'idée de deux projets. Le premier se concrétisa par la parution de l'édition française du livre *Épouvante et surnaturel en littérature*[11] de Lovecraft. Le second projet fut d'éditer un livre sur des auteurs magiques peu connus en France. C'est *Admirations*.

Jacques Bergier dit dans ce livre : « Toutes proportions gardées en ce qui me concerne, je me sens dans l'état d'esprit de Baudelaire lorsqu'il révéla Poe, et de Claude Farrère lorsqu'il révéla Kipling. » Je dirais : « Monsieur Bergier vous avez révélé, entre autres, *Le Seigneur des Anneaux* de Tolkien. Si *Admirations* n'a connu que peu de succès auprès du public, votre livre reste un livre de référence. »

La raison de ce succès mitigé est fort simple : *Admirations*, recueil de critiques littéraires, fut très en avance sur son temps. Aujourd'hui, les choses paraissent un peu différentes. Comme le dit si justement le Dr Claudine Brelet : « Jacques Bergier travaillait pour les générations futures. »

Patrick Clot

Prilly, le 27 novembre 2000

NOTES

1- Voir à ce sujet, *Planète* par Gabriel Veraldi. Éditions du Rocher, 1996.
2- *Les Téméraires* de Cécile Romane, aux éditions Flammarion, 1993.
3- D'après l'article de Charles-Noël Martin, *L'homme d'un autre siècle... à venir.* Revue « Question de » 28, 1979. Épuisé.
4- On trouve facilement la dernière édition chez Maisonneuve et Larose.
5- On doit cette expression à Philippe Marlin.
6- Édition Hachette,1973. Jacques Bergier et Jean-Philippe Delaban. Épuisé.
7- Édition Arthaud, 1955. Épuisé.
8- *Encyclopédie de l'utopie et de la science-fiction*, éditions de l'Age de l'homme, 1973.
9- *Horizons du fantastique*, n° 23, Éditions Ekla. 1973. Épuisé.
10- L'adresse de l' *Association des Amis de Jacques Bergier* est : case postale 76, CH-1032 Rommanel-sur-Lausanne, Suisse.
11- Éditions Christian Bourgois. Collection 10/18, 1969.

Fragmenter l'espace

Pour tendre le bras

Vers ce corps qui s'envole

Métaphysique du néant

Rythmes structurés

Aux dimensions perceptives

Prélude d'un rêve surpris

Dans l'intensité diaphane

D'une galactique nébuleuse

(Andrée Kritter-Clot)

Prologue

Prologue

Le penchant pour le merveilleux, inné à tous les hommes en général, mon goût particulier pour les impossibilités, l'inquiétude de mon scepticisme habituel, mon mépris pour ce que nous savons et mon respect pour ce que nous ignorons, voilà les mobiles qui m'ont engagé à voyager dans les espaces imaginaires.

Baron de Gleinchen

Ce livre est consacré à dix écrivains magiques.

J'entends par là des écrivains chez qui la plume devient un sceptre du pouvoir, ce sceptre magique dont parle l'écrivain anglais H. Rider Haggard à propos de la femme immortelle qu'il appelle simplement Elle :

«L'Uraeus avec lequel Elle charmait les ombres des morts dans le sanctuaire et dont Elle me fit présent.»

Évidemment, cette notion de magie dans l'écriture est subjective. Cependant, je pense que la plupart des connaisseurs en matière de littérature magique me donneraient raison. D'ailleurs, des enquêtes d'opinion faites parmi les lecteurs de revues de science-fiction américaines donnent des listes très voisines de la mienne.

Il ne suffit pas pour être un écrivain magique d'employer le vocabulaire et les méthodes du fantastique et de la science-fiction ou de paraître dans une des revues qui s'y spécialisent. Personnellement, je reconnais un écrivain magique à ce que je ressens pour lui une admiration totale sans esprit de critique. C'est pourquoi on ne trouvera pas dans cette liste certains auteurs célèbres tels que Bradbury, Asimov ou Van Vogt, pour qui mon admiration se mêle de beaucoup de reproches.

Je pense m'être intéressé aux écrivains magiques dès l'âge de trois ans où j'ai lu en russe Jules Verne puis Louis Jacolliot. J'ai découvert les écrivains anglo-saxons à l'âge de dix ans, les écrivains soviétiques et ceux des pays de l'Est beaucoup plus tard, après la Seconde Guerre mondiale. Il y a eu d'ailleurs en U.R.S.S. entre les deux guerres mondiales et jusqu'à environ 1950, un inter-règne qui est fort mal connu par les Soviétiques eux-mêmes et sur lequel ils commencent seulement à publier des études. Pour le moment, les livres de cette époque sont rares et les revues totalement introuvables. J'ai donc dû, à mon grand regret et ne voulant pas citer uniquement de mémoire, négliger de grands écrivains comme le Polonais Antony Slonimsky ou le Russe Michael Boulgakov. Ces derniers commencent d'ailleurs à sortir de l'ombre et on a publié en traduction française *Le Maître et Marguerite* et, aux États-Unis, *Les Œufs maudits*[1].

De même — et là la difficulté est beaucoup plus grave — il est quasi impossible de trouver les ouvrages fantastiques publiés par des émigrés russes. Certains d'entre eux, comme par exemple *la Confrérie de Vij* (j'ai malheureusement oublié le nom de l'auteur[2]), étaient tout à fait remarquables. Mais comment faire pour les retrouver ?

Quant au domaine français, la recherche est d'une telle difficulté que j'y ai provisoirement renoncé. Des ouvrages tout à fait admirables ont été publiés chez des éditeurs disparus ou dans des collections oubliées, ou dans des revues introuvables. Personne n'a d'éléments sur la biobibliographie des auteurs et il n'y a bien entendu aucune étude critique[3].

En faisant pendant cinquante ans le guet devant la boîte à dix centimes de la librairie Gibert, boulevard St Michel à Paris, on arriverait probablement à faire une collection d'écrivains magiques français. Je n'en ai pas le loisir. Ce serait un très beau sujet de thèse de doctorat mais je ne connais pas de professeur pouvant le recommander.

Les écrivains magiques français peuvent cependant servir comme illustration du phénomène. Car un écrivain n'est pas magique tout le temps.

A part les exceptions, dont on trouvera un certain nombre dans ce livre. Il l'est lorsqu'un démon le saisit et il cesse de l'être pour des raisons qui ne sont pas plus claires que la psychologie du génie ou celle de la conversion.

Un exemple particulièrement frappant est le Français Claude Farrère. Je sais, je sais, c'est un écrivain pompier, patriotique, d'un bas érotisme, qui a écrit *La Bataille*, *Les Petites Alliées*... Seulement, il se trouve que Farrère a écrit une nouvelle qui est peut-être la plus magique de toutes les littératures et qui s'appelle *Où ?* On la trouve tout bêtement dans l'édition à bon marché du recueil *L'Autre Côté*. Et cette nouvelle est un chef-d'œuvre prodigieux. Il s'agit de l'exploration non pas d'autres planètes mais d'autres univers. Certains de ces univers sont tellement différents que la vitesse n'y est plus un espace divisé par un temps. Non seulement la mathématique et les sciences y sont différentes, mais toute la pensée, mais toute l'âme. À l'arrivée dans un de ces univers, il faut aller se purifier dans un temple et attendre qu'on ne vienne pas. Dans un autre, les humains sont immortels mais il leur arrive à un moment de leur existence un malheur qui est inexprimable dans le langage de notre univers, un malheur plus mystérieux et plus terrible «que notre médiocre mort». Après avoir lu *Où ?* dans un numéro de *Œuvres libres* vers 1925, je me suis renseigné et j'ai appris que Farrère avait écrit d'autres chefs-d'œuvre extraordinaires et notamment les romans *Les Condamnés à mort* et *La Maison des hommes vivants*[4], mais personne ne les avait jamais signalés aux lecteurs comme on l'a fait pour Edgar Poe, Conan Doyle ou Wells. Aussi ne suis-je pas près d'écrire un livre sur les écrivains magiques français...

Heureusement pour les américains, cela fut plus facile. Dès l'âge de onze ans, en 1923, je découvrais les revues *Weird Tales* et *Argosy*. J'ai découvert les autres revues américaines dès leur naissance et grâce à la librairie Brentano's, je n'ai jamais manqué de livres magiques, sauf évidemment pendant la Seconde Guerre mondiale.

On peut se demander — et on me demande parfois — la raison de mon goût pour ces écrivains que j'appelle magiques. Je pourrais répondre que l'on ne discute pas avec une complète ou intolérante passion.

Mais il se trouve que mon goût pour les écrivains magiques et pour une certaine forme de fantastique a influencé bien d'autres vies que la mienne. Je vais en donner deux exemples :

— Si je n'étais pas persuadé de la possibilité d'inventions militaires apparemment fantastiques, je n'aurais jamais pu provoquer le bombardement et la destruction de la base allemande de fusées de Peenemünde. La plupart des historiens de la Seconde Guerre mondiale et Sir Winston Churchill, le tout premier, s'accordent à admettre que le débarquement du 6 juin 1944, dans ce cas, n'aurait pas pu avoir lieu et toute l'histoire du monde aurait été changée.

— Un livre (écrit en collaboration avec Louis Pauwels) et qui examine la possibilité de l'existence réelle dans le monde où nous vivons de certaines des conceptions des écrivains magiques vient d'atteindre, dans le monde entier, le millionième exemplaire vendu. Le succès du *Matin des magiciens*[5] montre bien que la recherche du fantastique correspond à des lignes de forces psychologiques d'importance et il est intéressant d'examiner lesquelles.

Je pense que le mot clef de cette explication est le mot allemand «Gestalt». Un Gestalt est une configuration de sensations ou d'idées qui est cohérente et qui donne satisfaction. En termes simplifiés, un Gestalt tient debout. Nous voudrions tous organiser le monde où nous vivons en forme de Gestalt donnant satisfaction. La science et la philosophie ne le permettent pas.

Or, l'univers d'un auteur magique fait un Gestalt parfaitement satisfaisant. Cet univers peut être sous-jacent à l'univers réel et prétendre en donner l'explication. Il peut aussi n'avoir aucun rapport avec l'univers réel mais permettre une évasion dans un univers qui ait un sens.

La confrontation de plusieurs de ces Gestalt très différents élargit l'esprit et donne satisfaction à l'imagination. Comme l'art, les mathématiques et la musique, elle permet la création d'un univers de poche dont on peut disposer. Et il est une catégorie d'esprits, dont le mien, pour qui ce genre d'univers est plus convaincant et plus agréable que ceux de la musique, de l'art et des mathématiques. C'est probablement dû au fait que j'ignore tout de la musique et de l'art et qu'en mathématiques je suis un amateur du dimanche.

Quoi qu'il en soit, cette tournure d'esprit est suffisamment répandue dans le monde pour que la littérature fantastique y soit respectée.

Il n'y a guère que deux pays qui fassent exception : la France et la Belgique.

Je ne sais pas pour quelles raisons. On parle de cartésianisme. Cela est parfaitement absurde. René Descartes, qui trouvait ses idées dans le rêve et qui s'intéressait à l'alchimie et à la poudre de sympathie, aurait été un lecteur passionné des auteurs dont je vais parler. Non, il doit y avoir d'autres raisons, correspondant d'ailleurs au déclin croissant de la recherche scientifique dans ces deux pays, pour le manque d'intérêt de la littérature magique en France et en Belgique. J'espère que ce petit livre contribuera un peu à réveiller cet intérêt. Les dix écrivains dont il essaie de raconter l'aventure intérieure : John Buchan, Abraham Merritt, Arthur Machen, Ivan Efremov, C.S. Lewis, Stanislas Lem, Robert E. Howard, Talbot Mundy[6], ont été choisis pour diverses raisons :

— Parce qu'ils sont peu connus en France.

— Parce que les univers qu'ils ont créés ont des rapports parfois étranges avec le nôtre.

— Parce qu'ils possèdent dans la quasi-totalité de leur œuvre ou dans certains cas dans sa plus grande partie, cette qualité magique qui m'enchante tellement.

Quatre sont anglais, l'Angleterre en effet est la seconde patrie de l'écrivain fantastique et l'anglais sa première langue. C'est pourquoi Joseph Conrad, qui était d'origine polonaise, a appris l'anglais, ne pouvant s'exprimer en aucune autre langue. Quatre autres sont américains, car l'Amérique est le pays paradoxal où non seulement l'écrivain magique peut écrire, mais où il peut avoir un énorme succès commercial. Nous ne sommes plus à l'époque où en Amérique un Poe ou un Lovecraft mouraient de faim. Et l'énorme succès commercial du roman et de la nouvelle magiques aux États-Unis pose des problèmes que j'évoque au cours de ce volume. Puisse ce succès se prolonger un jour jusqu'à la France !

Jacques Bergier

Chapitre I

John Buchan

ou

Le Prophète au Manteau Vert

Chapitre I
John Buchan
ou
Le Prophète au Manteau Vert

Peu de grands hommes ont autant de visages différents que John Buchan, Lord Tweedsmuir.

Une note à la fin de ce chapitre précisera sa biographie. Il nous suffit de savoir qu'il était écossais, qu'il est né le 26 août 1876 et qu'il est mort d'un accident quand il était vice-roi du Canada le 11 février 1940.

Il nous suffit également de savoir qu'il fut poète, homme d'État, organisateur de la guerre psychologique, historien, romancier historique. Tout cela ne nous concerne pas dans cet essai.

Le John Buchan qui nous intéresse est le romancier épique qui transforma en épopée la période de l'entre-deux guerres et le grand écrivain du fantastique.

Les deux ne peuvent pas être séparés. Car le monde de John Buchan est le monde réel, celui où ont lieu les grandes aventures et les grandes mutations de l'humanité, celui où se font et se défont les Empires. Dans ce monde, le fantastique a inévitablement sa place. Le monde de John Buchan est aussi un monde où l'on attache beaucoup d'importance à des aspects de la psychologie humaine que l'on ne voit guère dans la littérature et surtout pas dans la littérature française faite surtout de nausées et de boue. Ces facteurs psychologiques sont l'intelligence, le courage, l'imagination, le goût du risque. Ces facteurs existent bel et bien dans le monde réel, même si Céline ou Sartre n'en ont jamais entendu parler. J'ai d'ailleurs rencontré la plupart des personnages de Buchan en France au temps des parachutages. On m'a fait le grand honneur de dire et d'écrire que je suis moi-même un personnage de Buchan et, bien que cet honneur ne soit pas mérité, il y a tout de même des affinités. Dans son histoire authentique des services secrets de l'Amirauté britannique pendant la guerre 1939-1945 : *Room 39* (Weindenfeld et Nicolson, Londres), Donald McLachlan écrit à la page 356 : « Les romans de Buchan ont renforcé la légende autour des services secrets. »

D'autres auteurs ont écrit par contre que la légende lancée par Buchan d'un service secret noble et pur groupant des héros a rendu les services secrets trop confiants et a permis l'installation de traîtres tels que Kim Philbby.

Personnellement, je ne le crois pas. Je connais bien les services spéciaux et en particulier les services spéciaux anglais et je puis assurer que pour un Philbby, qui fut d'ailleurs repéré et neutralisé — bien plus tôt qu'il ne le dit —, il y a dans ce service cent personnages échappés de Buchan qui continuent de livrer des batailles.

Mais l'œuvre de Buchan n'est pas que l'épopée d'un service secret. La scène de son drame est le monde et c'est toute l'histoire invisible de notre époque de 1913 à 1933 qui défile. Cette œuvre se compose de plusieurs séries.

Prenons d'abord la série principale, celle des aventures de Richard Hannay.

Ce Sud-Africain débarque à Londres à la fin de 1913 et y vit désœuvré.

Il se trouve immédiatement mêlé à une grosse affaire de services secrets, conduisant à l'assassinat de l'archiduc Franz-Joseph à Sarajevo et au déclenchement de la Première Guerre mondiale. C'est le sujet du fameux livre *Les Trente-Neuf Marches* (Arthaud-Livre de Poche) qui a fourni à Alfred Hitchcock le scénario du film qui l'a lancé[7].

Cet ouvrage est généralement considéré comme un des grands chefs-d'œuvre de la presse anglaise. C'est le début des aventures de Richard Hannay dont le développement est à la fois un cours d'histoire invisible et une des grandes épopées de notre temps. Le second épisode s'appelle : *Le Prophète au manteau vert* (Arthaud). Hannay, engagé volontaire dès le début de la guerre, blessé et convalescent, est convoqué par le chef du service secret anglais, Sir Walter Bullivant.

Celui-ci lui apprend qu'à côté des batailles visibles, il se joue une grande bataille invisible.

Les Allemands ont dans leur jeu une carte qui n'est pas matérielle mais spirituelle. Ils ont quelque chose ou quelqu'un qui peut soulever tout l'Islam et conduire toute l'Afrique et toute l'Asie dans une guerre sainte contre les alliés. Un agent anglais a découvert le secret, mais il est abattu avant de pouvoir atteindre les Anglais en Syrie et l'on trouve simplement sur lui un bout de papier avec trois mots totalement incompréhensibles : «Kassedin - Cancer - V.I.»

Avant de mourir, il a encore la force de dire qu'une grande tempête spirituelle déchaînée par les Allemands va se lever. Hannay dit : «Quel brave garçon ! Peut-on connaître son nom ?». Et Sir Walter Bullivant de répondre : « Mon fils. »

Et Hannay va en Allemagne à la recherche de la menace inconnue, escorté de trois compagnons : Le Boer Peter Pienaar, l'Américain John D. Belenkiron, l'Écossais Sandey Arbuthnot, lord Clanroyden.

Trois personnages beaucoup plus extraordinaires que Hannay lui-même, trois personnages dont on peut évidemment rechercher les sources historiques et c'est ainsi qu'il est visible que Sandey Arbuthnot dérive en partie au moins de Lawrence d'Arabie.

Peu importe d'ailleurs. Les quatre personnages de cette aventure et leurs ennemis et les innocents qui seront entraînés dans la tragédie et, en particulier, le prophète au manteau vert descendant de Mahomet et porteur de la menace, sont au-dessus de l'échelle humaine normale.

Le Prophète au manteau vert est un des plus grands romans d'aventures de tous les temps. C'est aussi un manuel d'histoire. C'est aussi et surtout une affirmation du vrai pouvoir, celui de l'esprit sur l'esprit. Lénine [8] et Hitler y sont déjà sans être nommés.

Et toutes les passions, bonnes et mauvaises, y sont. Les conséquences des événements qui y sont décrits ne sont pas encore terminées. Le monde a appris qu'il fallait compter avec les Arabes : beaucoup d'erreurs auraient pu être évitées si les responsables avaient lu attentivement *Le Prophète au manteau vert*. La troisième aventure de Hannay s'appelle en anglais : *Mr. Standfast*.

En France, elle porte le titre bizarre : *La Seconde Aventure de Mr Constance*[9] et elle est parue chez Gallimard dans le même volume que *Le Prophète au manteau vert*. *Mr. Standfast* est essentiellement le livre du courage, le vrai, celui qui reste lorsqu'on est seul, lorsqu'on est blessé, lorsqu'on est isolé et que, par-dessus le marché, on est trempé jusqu'aux os.

Il n'y a que chez Buchan que j'ai trouvé des descriptions de ce courage-là. C'est aussi un livre mystique décrivant en détail comment il faut passer à travers un bain de sang pour mourir et revivre de nouveau. C'est aussi dans *Mr. Standfast* qu'on trouve un des plus beaux personnages féminins de la série : Lady Mary Hannay, la femme de ce Richard Hannay.

En même temps que tout cela, qui assurera à jamais la place du livre dans la grande aventure littéraire, *Mr. Standfast* est un roman d'aventures, de poursuites et de mystères avec un dénouement surprenant. C'est un livre écrit au moins sur trois niveaux et deux de ceux-là ne peuvent être atteints que par ceux qui sont passés par le même chemin sanglant que celui de Richard Hannay à travers *la Vallée de l'ombre et de la mort*.

La quatrième aventure de Richard Hannay s'appelle *Les Trois Otages* (Arthaud-Le Livre de Poche).

C'est un des sommets de l'œuvre de Buchan. C'est le roman du pouvoir invisible de la possession et de la domination du monde.

C'est le livre qui pose à fond le problème de ce qu'on appelle actuellement les «personnalités charismatiques», ceux qui dominent les autres et dont Hitler est un bon exemple. C'est le livre qui montre par quel chemin on peut arriver à ces pouvoirs et comment on peut les neutraliser. C'est aussi le livre où l'on voit Lady Mary Hannay donner toute sa mesure. C'est enfin le livre le plus révélateur et le plus clairvoyant sur la période autour de 1923.

Je souhaiterais voir un livre donnant la même vision en profondeur en 1968. Il n'en existe malheureusement pas et c'est bien dommage. En tout cas, *Les Trois Otages* est un livre à méditer, à étudier, à annoter. Ce qui ne l'empêche pas d'être un grand classique de l'aventure et du mystère meilleur, à mon avis, que les romans de Conan Doyle.

La cinquième aventure de Richard Hannay est une aventure où Hannay lui-même ne figure que dans un prologue mais où l'on voit John S. Blenkiron et Sandy Arbuthnot. Ce livre s'appelle *Le Camp du matin* (Arthaud). Une fois de plus, le titre français est insuffisant, le titre anglais : *The Courts of the Morning* veut dire à la fois : *Le Camp du matin* et *Le Jugement de l'aube*. Et c'est cette deuxième version que j'aurais personnellement préférée.

Dans *Le Jugement de l'aube*[10], Blenkiron et Sandy Arbuthnot rencontrent un adversaire prodigieux, un Allemand appelé Castor (le fait que ce soit un anagramme de Castro n'est qu'une coïncidence prophétique) qui, comme Hitler, veut dominer le monde. Mais, contrairement à Hitler, Castor se rend compte qu'il faut d'abord abattre les États-Unis. Cette façon de penser étonnamment moderne et qui rappelle parfois Che Guevara, le conduit à monter en Amérique latine une base d'où il pourrait attaquer et détruire les États-Unis, en commençant d'abord par disloquer ceux-ci en excitant leurs haines raciales et sociales (Ceci est écrit en 1925 !)[11]

Castor construit donc dans l'imaginaire république d'Olifa un enfer allemand complet, avec camps de concentration. Il a même des S.S., les conquistadors, qu'il tient par une drogue spéciale. Il sera renversé par Blenkiron et Arbuthnot après une guerre civile décrite avec un luxe extraordinaire de détails qui fait du *Jugement de l'aube* un véritable manuel de guérilla et de contre-guérilla. Rien que pour cela, ce livre mérite d'être lu très attentivement.

Mais il va beaucoup plus loin. Tout le problème de la dictature, de la révolution en général et de la révolution en Amérique du Sud en particulier y est exposé avec une clarté que l'on ne trouve nulle part ailleurs. C'est réellement une des grandes anticipations politiques.

Ce que la critique a surtout retenu dans *Le Jugement de l'aube*, c'est l'extraordinaire description des paysages sud-américains. Tout le monde félicita John Buchan pour la précision de son observation lors de ses nombreux voyages en Amérique du Sud, sur quoi il répondit qu'il n'y était jamais allé.[12]

Ce qu'il avait voulu dépeindre, c'est l'hostilité fondamentale de la nature contre l'homme et en cela il a parfaitement réussi. On trouve aussi dans *Le Camp du matin* une très belle figure de femme, l'Américaine Barbara, qui deviendra femme de Sandy Arbuthnot. On y trouve aussi une anticipation extraordinaire de l'utilisation de l'aviation légère par une guérilla.

Ceci ne s'est pas encore produit mais ne saurait tarder.

La sixième et dernière aventure de Richard Hannay est surtout l'aventure de son fils Peter John et elle s'appelle *L'Île aux brebis*.

Ce livre, malheureusement, n'est pas encore traduit en français[13]. C'est à la fois une moderne *Île au trésor* et une reconstitution du monde tragique des Sagas du Nord.

Un autre cycle parallèle à celui de Richard Hannay est celui de Sir Edouard Leithen.

Hannay est militaire, Leithen est avocat. Malgré lui, il se trouve engagé dans des aventures dont la première s'appelle *La Centrale d'énergie* (parue en français chez Nelson dans une admirable traduction de Théo Varlet).

La Centrale d'énergie date d'avant la Première Guerre mondiale[14]. Pourtant, tous les grands thèmes de Buchan s'y trouvent et toutes les eaux souterraines de notre époque y coulent déjà.

Buchan y montre que notre civilisation est une conspiration et qu'elle peut rencontrer sur son chemin une anticonspiration, une centrale d'énergie. Depuis, nous avons vu à l'œuvre les centrales d'énergie de Lénine, d'Hitler, de Mao. Buchan, le premier, avait vu l'histoire comme une lutte souvent invisible entre autres centrales d'énergie.

La seconde aventure de Leithen s'appelle : *Le Plancher de danse* (non traduit en français)[15].

C'est une rencontre dans l'archipel grec avec les dieux qui y vivent encore. C'est une des œuvres les plus poétiques et les plus fantastiques de Buchan.

La troisième aventure de Leithen, mélancolique et fermant le cycle, s'appelle : *La Rivière du cœur malade*[20]. Elle fut publiée après la mort de Buchan.

Le cycle de Leithen est moins structuré que celui de Hannay. C'est cependant le portrait d'un homme, d'une époque et d'un monde où ce que nous appelons réel et ce que nous appelons fantastique sont inexplicablement mêlés.

Un peu en dehors du cycle de Leithen, quoique intimement mêlé à lui, se place le seul roman de science-fiction de Buchan : *Un trou dans le rideau* (non traduit en français[16]).

Dans ce roman, un savant qui a découvert la structure du temps arrive au prix de sa vie à faire voir à six personnes une page du *Times* un an à l'avance. Ils y voient chacun une information pouvant l'intéresser et deux d'entre eux y voient des notices nécrologiques : les leurs. Ils réagissent de façons diverses à cette information : certains s'inclinent, d'autres combattent et l'un d'eux arrive même à triompher du temps et de la mort, à forcer le destin, à continuer à vivre, bien que sa notice nécrologique paraisse au jour dit. Car la volonté humaine est plus forte que le destin, que le temps, que la mort. Il n'y a pas de fatalité pour une âme suffisamment bien trempée. Ce qui est écrit est écrit mais, ce qui importe, c'est ce qui arrive et non pas ce qui est écrit.

Un Trou dans le rideau est un livre étrange et beau comme la vie, tantôt drôle et tantôt stoïque, tantôt héroïque et tantôt triomphant. C'est la plus belle leçon d'espoir et de courage que je connaisse. C'est un livre noble, ce qui est rare.

Et j'arrive maintenant à ce qui représente pour moi l'apogée du génie de Buchan, les deux recueils de nouvelles : *Le Club des fugitifs* et *La Lune endure*.

Ces deux recueils ne sont pas traduits en français[17]. Un imbécile quelconque ayant dit au XIXe siècle que les recueils de nouvelles ne se vendaient pas, les éditeurs français continuent à le répéter de père en fils.

Dans *Le Club des fugitifs,* les personnages de tous les grands cycles de Buchan qui ont fondé un club bien anglais se réunissent et racontent à leur tour une histoire chaque soir. Ces histoires sont tellement belles que j'aurais voulu les raconter toutes. La place me manque et je me contenterai de trois.

L'ennemi détesté[18] nous fait entrer, pendant la Première Guerre mondiale, dans le monde étrange des décrypteurs. Les décrypteurs sont ceux qui arrivent à mettre au clair un message dont ils ne connaissent pas le chiffre. Ceci exige un génie spécial et produit une tension nerveuse prodigieuse. Un de ces décrypteurs se bat pendant presque toute la guerre contre un chiffre allemand qui paraît imprenable.

Il imagine le visage de l'ennemi détesté, l'inventeur de ce chiffre allemand. Il construit son mythe secret autour de lui. Il imagine que l'inventeur de ce chiffre est une femme très belle, très cruelle, très prussienne, vivant dans un château gothique où elle poursuit son œuvre maudite. Et puis, vers le milieu de l'année 1918, l'ennemie détestée commet une erreur. L'Anglais décrypte quelques-uns des messages et assure ainsi une grande victoire aux alliés. Puis vient la victoire totale de 1918 et l'Anglais s'écroule. Effondrement total sans espoir. Puis, vers 1920, on entend parler de cette nouvelle science, de psychanalyse et surtout d'un psychanalyste autrichien qui unit au génie de Freud ou de Jung une grande bonté. Ce médecin de l'âme soigne dans une clinique située dans les montagnes. On y envoie l'Anglais accompagné d'un ami qui raconte l'histoire. A force de patience, à force de bonté, à force de chaleur humaine, l'Autrichien le guérit et l'Anglais part dans le vaste monde rechercher la belle dame sans merci qu'il a inventée. Le narrateur reste quelque temps dans la clinique et le médecin autrichien lui fait une confidence : « C'est moi qui avais inventé le chiffre en question. J'ai commis une erreur le jour où mon fils âgé de six ans est mort de faim. Je ne dirai jamais rien à votre ami : il est inutile de troubler une cure parfaitement réussie avec les émotions discordantes de la pitié. »

La seconde nouvelle que je veux raconter s'appelle : *Le vent sur le portique*[19].

Dans l'Angleterre contemporaine, un archéologue découvre le temple d'un dieu romain, le dieu Vaunus. Il se persuade que ce dieu y est encore. Il trouve dans un vieux parchemin une recette datant des premiers âges de la chrétienté, un rituel permettant de chasser les dieux d'un temple et d'y instaurer le Christ. Il tente ce rituel en présence du narrateur. Mais avant qu'il n'ait pu le terminer, un vent de feu s'élève, des langues de feu venues de nulle part le carbonisent.

Le narrateur, qui a pu s'enfuir, termine ainsi son récit : « Et la dernière chose dont je me souvienne c'est que la tête de Gorgone brillait sur les murs de la maison maudite comme un des soleils de l'enfer. »

La troisième nouvelle que j'ai choisie s'appelle *Tendebant Manus*[21]. En voici l'argument : un politicien du plus bas étage dans l'Angleterre de l'entre-deux guerres a perdu son frère lors d'une des batailles de la Première Guerre mondiale. La mort ne fait aucun doute mais le corps n'a jamais été retrouvé. Et le politicien en question se met à croire que son frère est encore là, que sa présence et son esprit le guident. Et il sauve l'Angleterre d'une guerre catastrophique et il empêche une nouvelle guerre civile en Irlande et il remet le pays en état au nom du mort qui vit en lui.

Ayant accompli ce qu'il avait à accomplir, il meurt dans ce qui paraît à nos yeux aveugles un accident, mais qui est une manifestation de hautes lois que nous ne pouvons atteindre.

Comme le dit le narrateur : « C'était ordonné, c'était décidé. Car si vous joignez vos mains à celles des morts, ils vous attireront par-dessus le fleuve. »

Toutes les histoires du *Club des fugitifs* ont cette qualité transcendante, ce rayonnement unique. Certaines sont « réalistes », d'autres sont « fantastiques ». L'auteur ne fait pas de différence, il décrit ce qu'il voit, il parle en sage qui connaît la vraie vie et le vaste univers où nous vivons tous.

Cet homme, qui a eu tous les honneurs officiels et respectables, qui fut neuf fois docteur en droit Honoris Causa et quatre fois docteur ès lettres Honoris Causa, voit un monde dépassant le cadre étroit du matérialisme habituel des gens respectables et des savants officiels. C'est pourtant lui que l'ensemble des universités américaines a choisi pour les représenter au Parlement de 1927 à 1935.

Il est vrai que l'Écosse est un pays où le don de seconde vue est parfaitement admis même chez des savants aussi respectables et des politiciens aussi éminents que le fut John Buchan.

J'aurais voulu aussi raconter toutes les nouvelles de *La Lune endure*.

Ce n'est hélas pas possible et je me contenterai de l'extraordinaire chef-d'œuvre de science-fiction qui s'appelle *Espace*[22]. C'est l'histoire d'un grand mathématicien qui découvre que l'espace possède une structure extrêmement complexe et qui arrive à percevoir directement cette structure.

Il s'aperçoit alors que cette structure n'est pas simplement inerte et que des présences se déplacent. Des présences non humaines et incompréhensibles qui inspirent la terreur. Des présences dont la perception lui apprend quelque chose de si terrible qu'il va volontairement se tuer en montagne[23].

Espace est un extraordinaire chef-d'œuvre qui arrive à distiller la terreur à partir des mathématiques pures. C'est une anticipation prodigieuse des travaux modernes de Wheeler sur la géométrodynamique en même temps qu'un étonnant chef-d'œuvre littéraire.

Il n'est pas possible de revenir sur les autres cycles de Buchan ni sur tout ce qu'il a écrit même dans le genre fantastique. Je citerai simplement et un peu en vrac *Le Prêtre Jean*, roman prophétique de l'Afrique en révolte (paru en français chez Nelson), *Le Bois des sorciers*, roman de l'éternelle sorcellerie en Écosse (non traduit en français)[24] et *La Route du roi*[25], extraordinaire anticipation du code génétique décrivant une série d'apparitions à travers l'histoire d'un même être produit par la même combinaison héréditaire mais modelé d'une façon différente par le milieu. Il faut aussi mettre à part *Un Prince en captivité*[26], roman de la venue au pouvoir d'Hitler, du courage et du désespoir.

Parmi les nombreux visages de Buchan, je n'ai même pas cité l'humoriste et pourtant il a écrit quelques pages les plus drôles de la littérature anglaise.

Laissons maintenant un peu parler Buchan lui-même.

La citation qui suit provient de la préface du *Prophète au Manteau Vert* (1916) :

« Durant l'année dernière, dans les intervalles d'une vie active, je me suis amusé à construire ce récit. Il a été gribouillé à toutes espèces d'endroits bizarres ou de lieux bizarres, en Angleterre, à l'étranger durant de longs voyages et pendant des demi-heures entre des tâches plus graves. Je crains que ce livre ne porte la marque de sa naissance bohémienne. Qu'aucun homme, qu'aucune femme n'appelle improbables les événements de ce récit. La guerre a chassé ce mot de notre vocabulaire et le mélodrame est devenu le réalisme le plus prosaïque. Il arrive tous les jours sur mer et sur terre des choses inimaginables à des amis à moi. On saute sur une chance sur mille et souvent on réussit. À toutes les heures, cent longs bras de la coïncidence s'étendent sur la terre entière. Un jour, lorsque l'histoire complète pourra être écrite — l'histoire sobre et parfaitement documentée —, le pauvre romancier va abandonner son métier et se retirer à la campagne pour lire Miss Austin. »

L'histoire sobre et bien documentée est en train d'être réécrite et elle rejoint parfois la fiction. On m'a fait l'honneur de trouver des échos de John Buchan dans le récit d'une de mes aventures de guerre : *Agents secrets contre armes secrètes*.

Je trouve également des échos de Buchan dans *L'Orchestre rouge*, de Gilles Perrault, comme dans bien d'autres livres nés de cette guerre.

Mais — je me répète — il manque un Buchan qui fasse à partir de toutes nos aventures une nouvelle épopée semblable à la série des aventures de Richard Hannay. Si l'on me pousse à bout, je le ferai moi-même.

Puisque nous en sommes au *Prophète au manteau vert*, faisons quelques citations :

Par exemple, cette description de Sandy Arbuthnot :

« Il réussit à traverser le Yémen à cheval, ce qu'aucun Européen n'avait fait avant lui. Les Arabes le laissèrent passer, car ils avaient décidé qu'il était fou et avaient conclu que la main d'Allah s'était suffisamment appesantie sur lui sans qu'il y ait besoin d'insister. Il est un frère de sang de toutes sortes de bandits albanais. Il s'est occupé de politique turque et a acquis une réputation considérable. Un Anglais parlait l'autre jour au vieux Mahmud Schevkat de la rareté des hommes d'État en Occident, et Mahmud de répondre :

— Mais n'avez-vous pas l'honorable Arbuthnot ? »

Et plus loin :

« Si vous consultez le bottin mondain, vous verrez que le deuxième fils d'Edward Cospatrick, quinzième baron Clanroyden, est né en 1882, qu'il s'appelle Ludovick Guastavus Arbuthnot, plus communément appelé l'honorable Arbuthnot. Vous y trouverez le fait qu'il fit ses études à Eton et au New College d'Oxford, qu'il fut un capitaine d'infanterie et qu'il servit dans le corps diplomatique comme attaché honoraire auprès des diverses ambassades. Le bottin mondain s'arrête là, mais non pas cette histoire. Pour la suite, il faut consulter des autorités très différentes. Des hommes bruns et maigres venant des extrémités de la terre apparaissent de temps en temps à Londres et se glissent dans des clubs, furtivement, comme s'ils ne se souvenaient plus qu'ils en font partie. Ils vous donneront des nouvelles de Sandy Arbuthnot. Vous en aurez de plus fraîches dans les petits ports de pêche oubliés où les montagnes d'Albanie laissent un peu de place à l'Adriatique. Si vous participez à un pèlerinage à la Mecque, vous pouvez être sûr qu'une douzaine des amis de Sandy vont y être.

Vous trouverez des pièces détachées de ses vêtements dans des cabanes de bergers au Caucase. Il est connu dans le caravansérail de Boukhara et de Samarkand et des shikaris de Pamir parlent de lui au coin du feu. Ne lui demandez pas des introductions pour Petrograd, Rome ou Le Caire, car cela vous conduirait dans d'étranges repaires. Mais si le destin vous envoie à Lhassa ou Yarkand ou Seistan, il vous tracera votre route et vous recommandera à des amis puissants. Nous autres Anglais avons pris l'habitude de nous traiter d'insulaires mais nous sommes la seule race de la terre capable de produire des hommes pouvant entrer dans la peau des peuples lointains. Les Écossais sont encore plus forts à ce jeu-là que les Anglais. Sandy est l'Écossais errant porté à un niveau génial. Dans d'autres temps, il aurait organisé une croisade ou découvert une nouvelle route vers les Indes. »

Et voici la note provenant des dossiers secrets de l'Intelligence Service au sujet de Mr. John S. Blenkiron, distingué homme d'affaires américain, atteint d'ulcère d'estomac et de besoin d'aventures :

« Le meilleur agent que nous ayons jamais eu. Traversait l'enfer équipé seulement d'une boîte de tablette de bismuth et d'un jeu de cartes pour faire une patience. »

Quant à Peter Pienaar, chasseur d'hommes boer, qui deviendra aviateur et qui mourra dans le ciel lors de la troisième aventure de Richard Hannay, c'est un petit homme à l'aspect inoffensif et avec un don extraordinaire pour se fondre dans n'importe quel milieu humain et s'y identifier.

Quant à Hannay lui-même, ingénieur des Mines, prospecteur, agent secret et finalement général dans l'armée régulière anglaise, Sir Richard et homme d'État, c'est un personnage plein de contradictions et qui profite constamment de ses contradictions mêmes.

C'est un réaliste, insensible aux illusions et qui ne peut être hypnotisé. Cependant, il est sensible au fantastique lorsque celui-ci est réel. Il y a un admirable passage dans *Les Trois Otages* où il se trouve dans la bibliothèque d'un magicien et sent dans le livre qu'il voit l'existence des « noirs secrets d'iniquité », plus anciens que les étoiles.

La vie d'Hannay est une série de confrontations. Celles-ci, qui se produisent généralement à la fin d'une aventure d'Hannay, sont d'une grande beauté.

Il y a la confrontation entre la volonté anglaise et l'orgueil allemand dans la maison au bord de la mer à l'extrémité des trente marches.

Il y a la confrontation entre Hannay, le destin de l'Islam et la puissance allemande à la fin du *Prophète au Manteau Vert*.

Il y a la confrontation entre Hannay et la mort à la fin de la *Seconde Aventure de M. Constance*.

Il y a la confrontation entre Hannay et un des maîtres du monde, Dominic Medina, dont il vient de briser l'empire invisible à la fin des *Trois Otages*. Cette confrontation-là a lieu au sommet d'une haute montagne où les deux adversaires s'affrontent. La confrontation parcourt d'ailleurs toute l'œuvre de Buchan et c'est ainsi qu'on trouve à la fin du *Jugement de l'aube*, une confrontation entre Castor et les conquistadors qui constitue un des plus beaux épisodes du livre.

Les conquistadors qui sont en train de mourir, privés de leur drogue, ne reprochent pas à Castor leur mort mais le fait d'avoir lui-même vaincu, le fait d'avoir abaissé l'orgueil allemand et l'orgueil de la nouvelle dictature que Castor avait créée en Amérique du Sud. Bien entendu, cela était écrit vingt ans avant la fin de Hitler.

La série de Hannay n'est pas la seule partie prophétique de l'œuvre de Buchan et je voudrais terminer par une longue citation de *La Centrale d'énergie* :

« Certes, il y a de nombreuses clefs de voûte dans la civilisation, dis-je, et leur destruction entraînerait sa chute. Mais les clefs de voûte tiennent bon.

« Pas tellement... Songez que la fragilité de la machine s'accroît de jour en jour. A mesure que la vie se complique, le mécanisme devient plus inextricable et par conséquent plus vulnérable. Vos soi-disant sanctions se multiplient si démesurément que chacune d'elles est précaire. Dans les siècles d'obscurantisme, on avait une seule grande puissance : la crainte de Dieu et de son Église. Aujourd'hui, vous avez une multitude de petites divinités, également délicates et fragiles et dont toute la force provient de notre consentement tacite à ne pas les discuter.

« Vous oubliez une chose, répliquai-je, le fait que les hommes sont en réalité d'accord pour maintenir la machine en marche. C'est ce que j'appelais tout à l'heure la « bonne volonté civilisée ».

« Vous avez mis le doigt sur le seul point important. La civilisation est une conjuration. À quoi servirait votre police si chaque criminel trouvait un asile de l'autre côté du détroit, ou bien vos cours de justice si d'autres tribunaux ne reconnaissaient leurs décisions ? La vie moderne est le pacte informulé des possédants pour maintenir leurs prétentions. Et ce pacte sera efficace jusqu'au jour où il s'en fera un autre pour les dépouiller.

« Nous ne discuterons pas l'indiscutable, dis-je. Mais je me figurais que l'intérêt général commandait aux meilleurs esprits de participer à ce que vous appelez une conspiration.

« Je n'en sais rien, fit-il avec lenteur. Sont-ce réellement les meilleurs esprits qui œuvrent de ce côté du pacte ? Voyez la conduite du gouvernement. Tous comptes faits, nous sommes dirigés par des amateurs et des gens de second ordre. Les méthodes de nos administrations mèneraient à la faillite n'importe quelle entreprise particulière. Les méthodes du Parlement — excusez-moi — feraient honte à n'importe quelle assemblée d'actionnaires. Nos dirigeants affectent d'acquérir le savoir par l'expérience, mais ils sont loin d'y mettre le prix que paierait un homme d'affaires et, quand ils l'acquièrent, ce savoir, ils n'ont pas le courage de l'appliquer. Où voyez-vous l'attrait, pour un homme de génie, de vendre son cerveau à nos piètres gouvernements ?

« Et pourtant, le savoir est la seule force — maintenant comme toujours. Un petit dispositif mécanique enverra des flottes entières par le fond. Une nouvelle combinaison chimique bouleversera toutes les règles de la guerre. De même pour notre commerce il suffirait de quelques modifications infimes pour réduire la Grande-Bretagne au niveau de la République de l'Équateur, ou pour donner à la Chine la clef de la richesse mondiale. Et cependant, nous ne voulons pas songer que ces bouleversements soient possibles. Nous prenons nos châteaux de cartes pour les remparts de l'univers.

« Je n'ai jamais eu le don de la parole, mais je l'admire chez les autres. Un discours de ce genre exhale un charme malsain, une sorte d'ivresse, dont on a presque honte. Je me trouvai intéressé et plus qu'à demi séduit.

« Mais voyons, dis-je, le premier soin d'un inventeur est de publier son invention. Comme il aspire aux honneurs et à la gloire, il tient à se faire payer cette invention. Elle devient partie intégrante du savoir mondial, dont tout le reste se modifie en conséquence. C'est ce qui s'est produit avec l'électricité. Vous appelez notre civilisation une machine, mais elle est bien plus souple qu'une machine. Elle possède la faculté d'adaptation d'un organisme vivant.

« Ce que vous dites là serait vrai si la nouvelle connaissance devenait réellement la propriété de tous. Mais en va-t-il ainsi ? Je lis de temps à autre dans les gazettes qu'un savant éminent a fait une grande découverte. Il en rend compte à l'Académie des Sciences, il paraît sur elle des articles de fond et sa photographie à lui orne les journaux. Le danger ne vient pas de cet homme-là. Il n'est qu'un rouage de la machine, un adhérent au pacte. Ce sont les hommes qui se tiennent en dehors de celui-ci avec lesquels il faut compter, les artistes en découvertes qui n'useront de leur science qu'au moment où ils peuvent le faire avec le maximum d'effet. Croyez-moi, les plus grands esprits sont en dehors de ce que l'on nomme civilisation.

Il parut hésiter un instant et reprit :

« Vous entendrez des gens vous dire que les sous-marins ont déjà supprimé le cuirassé et que la conquête de l'air a aboli la maîtrise de la mer. Les pessimistes du moins l'affirment. Mais pensez-vous que la science ait dit son dernier mot avec nos grossiers sous-marins ou nos fragiles aéroplanes ?

« Je ne doute pas qu'ils se perfectionnent, dis-je, mais les moyens de défense vont progresser parallèlement.

Il hocha la tête.

« C'est peu probable. Dès maintenant, le savoir qui permet de réaliser les grands engins de destruction dépasse de beaucoup les possibilités défensives. Vous voyez simplement les créations des gens de second ordre qui sont pressés de conquérir la richesse et la gloire. Le vrai savoir, le savoir redoutable, est encore tenu secret. Mais, croyez-moi mon cher, il existe.

Il se tut un instant et je vis le léger contour de la fumée de son cigare se profiler sur l'obscurité. Puis il me cita plusieurs exemples, posément, et comme s'il craignait de trop s'avancer.

Ce furent des exemples qui me donnèrent l'éveil. Ils étaient de différents ordres : une grande catastrophe, une soudaine rupture entre deux peuples, une maladie détruisant une récolte essentielle, une guerre, une épidémie. Je ne les rapporterai pas. Je n'y ai pas cru, alors, et j'y crois encore moins aujourd'hui. Mais ils étaient terriblement frappants, exposés de cette voix calme, dans cette pièce obscure, en cette sombre nuit de juin. S'il disait vrai, ces fléaux n'étaient pas l'œuvre de la nature ou du hasard, mais bien celle d'un art. Les intelligences anonymes dont il parlait, à l'œuvre souterrainement, révélaient de temps à autre leur force par quelque manifestation catastrophique. Je refusais de le croire, mais tandis qu'il développait son exemple, montrant la marche du jeu avec une singulière netteté, je n'eus pas un mot de protestation.

A la fin, je recouvrai la parole.

« Ce que vous me décrivez là, c'est de la super-anarchie. Et pourtant, elle n'avance à rien. A quel mobile obéiraient ces intelligences ?

Il se mit à rire.

« Comment voulez-vous que je le sache ? Je ne suis qu'un modeste chercheur et mes enquêtes me livrent de curieux documents. Mais je ne saurais préciser les motifs. Je vois seulement qu'il existe de vastes intelligences antisociales. Admettons qu'elles se méfient de la machine. A moins que ce ne soient des idéalismes qui veulent créer un monde nouveau, ou simplement des artistes, aimant pour elle-même la poursuite de la vérité. Si je devais former une hypothèse, je dirais qu'il a fallu ces deux dernières catégories d'individus pour amener des résultats, car les seconds trouvent la connaissance et les premiers ont la volonté de l'employer. »

Biobibliographie de John Buchan :

Né en Écosse le 26 août 1876, mort au Canada le 13 février 1940. Profession principale : homme d'État.

Professions secondaires : historien, poète, romancier.

Titulaire de quarante-six doctorats honoris causa, spécialiste de la guerre secrète, inventeur de la guerre psychologique.

Ouvrages traduits en français :

Les Trente-Neuf Marches, Nelson, 1917.
La Centrale d'énergie, Nelson, 1917.
Le Prophète au manteau vert, Nelson, 1921.
Le Prêtre Jean, Nelson, 1920.
Salut aux coureurs d'aventures, Nelson, 1920.
Le Prophète au manteau vert, Gallimard.
La Seconde Aventure de Mr Constance, Gallimard, 1965.
Les Trente-Neuf Marches, Arthaud.
Les Trois Otages, Arthaud, 1965.
Le Camp du matin, préface de Jacques Bergier, Arthaud, 1965.
Les Trente-Neuf Marches, Livre de poche.
Les Trois Otages, Livre de poche.

Bibliographie actualisée :

La Bataille de la Somme, Edimbourg : T. Nelson and Sons, 1916.
— Londres : R. Clay, 1917.
La Bataille du Jutland, Londres : Darling and Son, 1916.
Le Prêtre Jean, roman d'aventures, trad. Paul Charneau, Paris : Nelson, s. d. (« Collection Nelson » 1971).
— Edimbourg-Paris : Nelson, 1931 (« Grands récits illustrés »).
— sous le titre *Le Collier du Prêtre Jean*, Paris : Nouvelles Éditions Oswald, 1979 (« Fantastique, science-fiction, aventures » 27).
— idem, Paris : Christian Bourgois, 1991 (« 10:18 - Domaine étranger » 2173).
Les 39 Marches et La Centrale d'énergie, trad. Théo Varlet, Paris : Nelson, s. d.
Les 39 Marches et Les Trois Otages, trad. Magdeleine Legendre (sous le pseudonyme Magdeleine Paz), Paris : Arthaud, 1962.
Le Camp du matin, trad. Max Roth et Jean-Pierre Harrison, Paris : Arthaud, 1963.
— Paris : Le Livre de poche, 1971 (« Livre de Poche policier » 3212).
Les Aventures de Richard Hannay - 1. Le Manteau vert, trad. Gilles Malard et Marie-Louise Haclay, Paris : Gallimard, 1964.
Les Aventures de Richard Hannay - 2. La Troisième Aventure de Monsieur Constance, trad. Gilles Malard, Paris : Gallimard, 1964.
Les Trois Otages, trad. Magdeleine Legendre (sous le pseudonyme Magdeleine Paz), Paris : Le Livre de poche, 1966 (1724).
Les 39 Marches, trad. Magdeleine Legendre (sous le pseudonyme Magdeleine Paz), Paris : Le Livre de poche, 1966 (1727).
— Genève : Édito-service, 1973. Diffusion Le Cercle du bibliophile (« Les classiques de l'espionnage »).
— Paris : Flammarion, 1995 (« Castor poche senior » 528).
— Paris : Arthaud, 1979.
— Paris : EJL, 1996 (« Librio» 96).
La Centrale d'énergie, trad. Théo Varlet, Paris : Nouvelles Éditions Oswald, 1979 (« Le miroir obscur» 2).
— Paris : Christian Bourgois, 1991 (« 10:18 - Domaine étranger» 2172).
— Toulouse : Ombres, 1997 (« Petite bibliothèque Ombres - Les classiques de l'aventure et du mystère» 88).
Le Vingt-Sixième Rêve : L'Aire de danse, Paris : Nouvelles Éditions Oswald, 1983 (« Fantastique, science-fiction, aventures» 88).
— Paris : Christian Bourgois, 1991 (« 10:18 - Domaine étranger» 2190).
Salut aux coureurs d'aventure, Paris : Nouvelles Éditions Oswald, 1986 (« Fantastique, science-fiction, aventures» 172-173).
— Paris : Phébus, 1995 (« D'aujourd'hui - Étranger»).
John Buchan 1, antho regroupant : *Les trente-neuf marches, Le Prophète au manteau vert, La Troisième aventure de monsieur Constance, Les Trois Otages, L'Ile aux moutons*. Paris : Librairie des Champs Elysées, 1995.

Chapitre II

Abraham Merritt
ou
Les Ténèbres Tangibles

Chapitre II

Abraham Merritt

ou

Les Ténèbres Tangibles

L'homme qui, le premier, inventa à la fois la science-fiction et le fantastique sous leurs formes modernes, commença par être journaliste. C'était au début du XXe siècle et vers 1910, il eut alors des ennuis avec les gangs de New York. La police se refusa à le protéger et il dut s'exiler au Mexique où il fit des fouilles archéologiques du plus haut intérêt et découvrit en particulier un nouveau puits sacré à Chichen Itza. Le jeune journaliste qui s'appelait Abraham Merritt prédit, après avoir déchiffré des inscriptions, que l'on retirerait un immense trésor du puits. Ceci se produisit en effet, mais Merritt n'en profita guère : le trésor, d'une valeur d'environ dix millions de dollars américains de l'époque, fut totalement confisqué par le gouvernement mexicain.

Le journaliste revint aux États-Unis et commença à écrire.

En 1917, il publia dans l'extraordinaire revue *Argosy*, dont je parlerai plus longuement en note à la fin du volume, une nouvelle qui, cinquante ans après, est encore considérée comme le chef-d'œuvre du fantastique. Cette nouvelle s'appelle *The Moon Pool* : « Le gouffre de la Lune ».

Elle déclencha la vocation d'écrire chez des auteurs qui sont depuis devenus célèbres, comme H.P. Lovecraft et Jack Williamson. Il enflamma l'imagination de millions de lecteurs, elle rendit célèbre dès 1917 le nom de Merritt.

Cinq millions de volumes de Merritt se sont vendus depuis, rien qu'aux États-Unis. La plupart des lecteurs ont été attirés vers Merritt par *The Moon Pool*.

Ce récit relativement bref, qui tenait en un seul numéro de *Argosy* et qui n'en n'occupait pas le dixième, reste encore cinquante ans plus tard une œuvre parfaite. Les personnages découvrent dans les ruines cyclopéennes de Nan-Matal, dans le Pacifique, un bâtiment qui est à la fois un temple et une porte.

Par cette porte, qui ne s'ouvre qu'à la pleine lune parce qu'elle est commandée par une espèce de photocellule sensible seulement à la lumière polarisée et qui, par conséquent, n'est pas influencée par la clarté solaire ordinaire, sort un être qui n'est pas un composé de matière. C'est un être qui est constitué par des grains de lumière agglomérés, un être dont la puissance dépasse de beaucoup nos faibles moyens. Cet être exterminera l'expédition et poursuivra sur un navire en route vers l'Australie le dernier survivant, qu'il enlèvera de sa cabine par une nuit de pleine lune, mais pas avant que celui-ci n'ait eu le temps de raconter son histoire. L'extraordinaire atmosphère de terreur et de sujétion[27], l'impression que retirait tout lecteur d'avoir touché à d'immenses mystères fait date dans l'histoire de la littérature américaine et même de la littérature fantastique mondiale.

La nouvelle *Le gouffre de la Lune* était parue dans le numéro du 22 juin 1918 de l'hebdomadaire *Argosy*. Merritt était alors totalement inconnu. Il avait publié précédemment deux autres nouvelles : *À travers le verre du dragon*[28], le 24 novembre 1917, et *Le peuple de l'abîme*[29], le 5 janvier 1918. C'était des nouvelles qui avaient fait bonne impression, mais qui n'ont pas l'extraordinaire qualité de perfection du *Gouffre de la Lune*. Par dizaines de milliers, les lecteurs réclamèrent une suite, une suite comprenant l'explication des mystères que l'on voyait vaguement à travers la première nouvelle comme à travers un verre sombre.

Merritt se mit alors à travailler sérieusement en essayant d'établir une base scientifique solide pouvant expliquer les merveilles que l'on avait entrevues dans la nouvelle. Il fixa son choix sur une théorie que l'on considérait comme scientifiquement solide de son temps et qui a actuellement un regain de popularité : la théorie d'après laquelle la Lune aurait été arrachée à la Terre en laissant comme trace de son départ l'océan Pacifique. Cet océan n'occupant pas un volume où on puisse placer notre satellite, Merritt se crut parfaitement justifié en plaçant sous le Pacifique un immense abîme, le gouffre de la Lune. Cet abîme, il le peupla d'êtres les plus divers et les plus multiples, humains et non humains. Et il imagina la conquête de ces abîmes par une expédition scientifique venant de la surface et plus exactement par deux expéditions rivales, l'une alliée, l'autre allemande. C'était un écho de la Première Guerre mondiale qui était en train de se terminer. Merritt travailla vite et, le 15 février 1919, *La conquête du gouffre de la Lune* commença à paraître sous forme d'un feuilleton en six parties dans *Argosy*. L'ensemble de la nouvelle et de la suite faisait une épopée scientifique sans précédent. (Une assez mauvaise traduction a paru dans la collection « Le Rayon fantastique », sous le titre : *Le Gouffre de la Lune*.) Aussi bien par l'audace des idées que par la richesse du style et que par la qualité des personnages, cette épopée, qui fut comparée à Dante et à Milton, reste un sommet. Il faudrait évidemment tout citer et je n'en ai pas la place. Je cite simplement une phrase provenant d'un passage où les voyageurs venus de la surface sont dans un véhicule automatique qui plonge vers le cœur de la Terre :

« Et toujours le foudroyant clivage des ténèbres tangibles. C'est ainsi que doit s'en aller l'âme récemment libérée vers ce trône au-dessus duquel plane le Visage Juste, bien plus haut que tous les soleils. » On chercherait en vain, en dehors des grands classiques, une aussi prodigieuse richesse de description que dans *Le Gouffre de la Lune*. Les diverses races, dérivées du singe ou dérivées des batraciens qui l'habitent, la ville où se trouve le temple de l'Être composé de lumière : « La cité de l'Être, béni et maudit [*sic*] comme jamais aucune cité ne l'a été et comme jamais aucune cité ne le sera », les cavernes les plus profondes au cœur de la Terre où se trouve une race surhumaine dont trois survivants seulement ont franchi les âges géologiques qui les séparent de nous, les merveilles d'une science de millions d'années en avance sur la nôtre, tout ceci s'assemble dans un livre presque trop riche. On voudrait aussi citer tous les personnages. Je citerai seulement l'Irlandais Larry O'Keefe qui croit au surnaturel lorsqu'il s'agit de l'Irlande, mais qui est farouchement rationaliste en dehors de l'Irlande. Il est accompagné partout par un korrigan qui lui donne des conseils. Ce qui permet à son tour à Larry O'Keefe de conseiller ainsi le professeur Goodwin, directeur scientifique de l'expédition : « Ce qu'il faut pour diriger cette expédition, Monsieur le Professeur, c'est un esprit rationnel, positif et entièrement logique. C'est d'ailleurs ce que le korrigan m'a dit. »

C'est certainement le plus grand succès de la science-fiction. Aussitôt après la fin de la publication du *Gouffre de la lune*, Merritt publiait — toujours dans la même revue — son admirable nouvelle, « Trois lignes en vieux français »[30], que l'on peut retrouver dans la collection Hachette, *Escales vers l'Infini*, dans une très belle traduction de Georges Gallet.

« Trois lignes en vieux français » possède l'originalité de contenir un passage imaginaire de *Aucassin et Nicolette*. Ce pastiche est tellement réussi que la critique l'a généralement pris pour un original.

Pendant ce temps-là, le public américain réclamait avec énergie une suite au *Gouffre de la Lune*. Merritt s'y refusa comme toute sa vie il devait — hélas — s'y refuser. Mais il fit revenir le narrateur du *Gouffre de la Lune*, le botaniste Goodwin, dans une nouvelle aventure en huit parties qui commença dans le numéro du 7 août 1920 d'*Argosy* et qui s'appelle *The Metal Monster* (en français : *Le Monstre de métal*, dans la collection « Le Rayon fantastique »). Merritt lui-même ne fut jamais satisfait de ce livre. À vrai dire, il s'était attaqué à une tâche horriblement difficile : décrire des êtres vivants composés de métal. Non pas des robots ou des machines cybernétiques, mais le métal devenu vivant et intelligent, la vie s'incarnant dans autre chose que la chair. Certains critiques considèrent ce livre comme le plus beau de Merritt. Il est en tout cas extraordinaire (la traduction française, faible, n'en donne aucune idée) et il est regrettable qu'on ne retrouve jamais le professeur Goodwin, son rationalisme imaginatif et ses aventures à la frontière du connu.

Trois ans devaient s'écouler avant qu'une nouvelle signée A. Merritt apparaisse dans *Argosy*, en réponse à la clameur des lecteurs. C'était le 8 septembre 1923, *Le Visage dans l'abîme*.

Merritt reprenait le principe du *Gouffre de la Lune* : un bref récit où des merveilles étaient évoquées et à peine montrées, avec la possibilité d'écrire une suite.

Dans *Le Visage dans l'abîme*, il s'agit aussi, comme dans *Le Gouffre de la Lune*, d'une civilisation ancienne. Cette fois-ci, c'est la civilisation qui a existé dans l'Antarctique avant la grande glaciation et qui a émigré dans une vallée inaccessible des Andes. Une civilisation humaine mais avec, au sommet, deux êtres non humains plus puissants que l'homme. Une civilisation qui a vaincu la mort, déchiffré le code génétique et qui poursuit des activités incompréhensibles, belles et cruelles. Le succès fut aussi grand que *Le Gouffre de la Lune*. Mais les lecteurs devaient attendre bien longtemps avant de connaître les secrets de Yu-Atlantchi, la ville secrète au sommet des Andes. L'auteur pensait déjà à autre chose et, le 8 novembre 1924, commençait en six parties *Le Navire d'Ishtar*[31].

Chef-d'œuvre extraordinaire, *Le Navire d'Ishtar* s'écarte du reste de l'œuvre de Merritt, tant par son érotisme que par son aspect extrêmement original du roman se déroulant dans un monde où il n'y a pas de temps. Dans ce monde, difficilement accessible à partir du nôtre, navigue éternellement le navire d'Ishtar, la déesse d'amour, et de Nergal, le dieu des ténèbres. Ce navire est moitié d'ébène, moitié d'ivoire.

La lutte entre les forces d'amour et les forces de destruction, entre la chaleur humaine et le grand froid cosmique s'y livre et s'y livrera sans fin. Le navire, parti de l'ancienne Babylone, abordera en des lieux étranges, certains du monde passé et d'autres qui ne sont pas de ce monde.

Le Navire d'Ishtar est une perfection dans son genre unique. Il a été tiré à des millions d'exemplaires dans les pays anglo-saxons et un exemplaire de la première édition est un des ouvrages les plus recherchés par les bibliophiles.

Il n'y a jamais eu d'édition française : les éditeurs « érotiques » que j'ai consultés me disent tous que c'est un livre beaucoup trop intelligent... Peut-être s'apercevra-t-on un jour qu'il existe en France toute une classe de lecteurs s'intéressant à l'érotisme[32].

En 1926, Merritt devait faire une de ses rares infidélités à *Argosy* pour publier une nouvelle dans *Weird Tales*. *La femme dans la forêt*[33], comme la plupart des nouvelles de Merritt, se passe en France. Elle n'a jamais été traduite. Le 2 juillet 1927, Merritt commençait dans *Argosy* un roman de diabolisme en cinq parties : *Sept empreintes pour Satan*[34]. (Une édition non autorisée de ce livre est parue en France sous le titre *Le Docteur maudit*. La traduction est tellement mauvaise qu'on ne reconnaît rien de l'original, le nom de l'auteur n'étant d'ailleurs pas indiqué. Si j'étais au gouvernement, je châtierais durement les responsables d'éditions pirates de ce genre.) *Sept empreintes pour Satan* a eu un énorme succès de librairie plus important que pour aucun autre livre de Merritt. Un film a été très rapidement fait et les éditions reliées puis de poche se succédèrent. C'est un livre à double solution : on peut croire à une explication rationnelle des faits qui sont décrits comme on peut imaginer une intervention directe du Sombre Interlocuteur. C'est certainement un des plus beaux romans d'aventures, à classer avec les *Trente-Neuf Marches* et *La Vallée de la peur*. Mais, pendant ce temps-là, les lecteurs continuaient à réclamer la suite et l'explication du *Visage dans l'abîme*. Cette suite devait commencer à paraître dans Argosy en sept parties, le 25 octobre 1930 sous le titre *La Mère des serpents*[35]. Comme *Le Gouffre de la Lune*, *La Mère des serpents* est une somme, un prodigieux jaillissement d'idées. Par exemple, l'idée que l'âme immortelle n'existe pas encore mais qu'elle pourra être créée, qu'elle est dans le futur et non dans le passé ou dans le présent. Ou l'idée que l'homme peut être un créateur d'univers. C'est un livre d'une richesse presque insoutenable, obscur parfois, parce que diverses lumières s'y annulent par interférences. A partir de ce livre, nous rentrons dans les Merritt non traduits en français. Pourquoi ? On peut se le demander. Et je crois que la réponse, c'est qu'il n'y a pas d'éditeurs en France.

Et nous arrivons maintenant à ce que je considère comme le chef-d'œuvre de Merritt et qui commença dans *Argosy* le 23 janvier 1932 : *Les Habitants du mirage*. C'est un roman d'une profondeur extraordinaire. Les grands problèmes philosophiques : les raisons de vivre, l'instinct de mort, le sacrifice humain y sont soulevés comme nulle part ailleurs. De même la notion de rituel et celle des dieux sombres. Le style est d'une beauté extraordinaire, très supérieur à celui des autres ouvrages de Merritt.

Merritt a publié dans le courrier des lecteurs de *Argosy* une justification scientifique détaillée des *Habitants du mirage*. Cette justification est un fort bon travail de bibliographie mais, à vrai dire, le problème soulevé par *Les Habitants du mirage* dépasse la science et touche à la métaphysique.

Ce problème est le suivant :

Dans l'univers froid et apparemment inanimé qui nous entoure, est-ce qu'il n'existe pas des êtres dont on puisse attirer l'attention ? Et même si ces êtres sont essentiellement mauvais, aussi hostiles que l'univers lui-même, est-ce que l'on ne peut pas, en attirant leur attention par le sacrifice humain, sortir de la grande solitude ? Le personnage central des *Habitants du mirage* dit : « J'oubliais les victimes du sacrifice dans la sombre excitation du rituel. »

C'est au fond l'attitude hitlérienne et il semble bien — j'ai été le premier à attirer l'attention là-dessus dans *le Matin des magiciens* — que l'hitlérisme ait eu, entre autres aspects, celui d'une région[36] maudite et que les massacres nazis aient été des sacrifices humains destinés à attirer l'attention de *Whatever gods may be*[37]. Ma thèse est maintenant officiellement admise par des historiens marxistes en U.R.S.S. Elle doit évidemment beaucoup aux *Habitants du mirage*. Ce livre continue à avoir un succès énorme dans les pays anglo-saxons et à être totalement ignoré en France. J'espère le voir traduit en russe.

Après *Les Habitants du mirage*, Merritt se lança dans une direction tout à fait différente du reste de son œuvre. Toute sa vie, il s'était intéressé à ce qu'on appelle maintenant « le phénomène parapsychologique ». Il rassembla des dossiers et il a toujours écrit que les deux romans sur la sorcellerie se suivant et formant un tout étaient fondés sur des faits réels et qu'il n'avait fait que changer le nom des personnages. C'est assez difficile à croire, tellement les faits en question sont extraordinaires. Mais, même si on le considère comme uniquement romanesque, le cycle de Merritt sur la sorcellerie est extrêmement remarquable.

Le premier roman de ce cycle, *Brûle sorcière, brûle !* commença sous la forme d'un feuilleton en six parties dans *Argosy*, du 22 octobre 1932. Sa suite, *Rampe ombre, rampe !* commença sous la forme d'un feuilleton en sept parties dans *Argosy*, du 8 septembre 1934. Dans le premier volume du cycle, on voit la sorcellerie fleurir dans le New York de nos jours sous la protection du rationalisme et de l'incrédulité générale. On en tira un film, avec Lionel Barrymore dans le rôle de la sorcière ![38]

Le second volume du cycle reprend le thème de la sorcellerie en le mélangeant avec la légende française de la ville d'Ys. L'action va et vient, sans tenir compte de nos idées de déroulement temporel entre le New York de nos jours et les derniers moments de la ville d'Ys. On trouve dans les deux livres le même ensemble d'idées : l'existence dans le passé de sciences et de techniques très supérieures aux nôtres et dont la sorcellerie est un résidu quasi artisanal, la possibilité de ressusciter des souvenirs précédant la naissance et appartenant à nos ancêtres, l'existence parmi nous d'êtres qui, ayant à leur disposition toutes les sciences passées, se sont élevés au-dessus de la condition humaine. En même temps, Merritt examine la motivation de la sorcellerie : « L'amour, la haine et le désir de puissance sont les trois pieds du trépied sur lequel brûle la flamme sombre. » (Extrait de *Brûle sorcière, brûle !*) Il nous restitue aussi les pensées des hommes du passé avec un réalisme aussi total que celui avec lequel il décrit dans d'autres pages du cycle de la sorcellerie les gangsters new-yorkais ou la vie dans un grand hôpital.

Écoutons ce Breton d'un lointain passé (qui est aussi un Américain de nos jours mais qui a appris à utiliser tout son code génétique, toute sa mémoire ancestrale) :

« Ceux qui avaient bâti n'étaient pas de mon peuple. Ce n'était pas eux qui avaient dressé les pierres de Carnac. Mais ils avaient pris Carnac et ils avaient fait pousser sur notre terre un rituel qui était un arbre portant comme fruit un mal impossible à décrire. J'étais venu en la ville d'Ys pour couper les branches de l'arbre et, si je survivais, porter la hache au tronc. »

Après le cycle de la sorcellerie, Merritt s'arrêta d'écrire, nous allons voir plus loin pourquoi. Après sa mort, on retrouva dans ses dossiers deux romans incomplets qui furent achevés par le peintre et illustrateur Hannes Bok. Ils sont parus aux États-Unis et s'appellent *La Femme renard* et *La Roue noire*[39]. On y retrouve l'esprit de Merritt et en même temps un côté visuel qui montre bien que les deux romans ont été achevés par un peintre.

Voici donc l'œuvre de Merritt.

Et l'homme ?

Abraham Merritt est né le 20 janvier 1884 à Beverly, dans le New Jersey. Sa famille était arrivée en Amérique en 1621 et avait donné à ce continent quelques-uns de ses grands hommes, notamment l'écrivain Fenimore Cooper et l'architecte William Henry Merritt, le père d'Abraham Merritt. La famille était quaker et Merritt, à l'âge de cinq ou six ans, connaissait déjà la Bible à fond. On retrouve des traces du style de la Bible dans son œuvre. Il fit ses études à l'Université de Pennsylvanie où il se révéla lecteur prodige, lisant à une vitesse fantastique. En 1902, à l'age de dix-huit ans, il se lança dans le journalisme et devint reporter spécialisé dans les meurtres, les mystères et la sorcellerie. Il lui arriva vers 1911 d'être témoin d'un meurtre politique, témoin tellement dangereux qu'il lui fut recommandé de quitter le pays. Il partit donc au Mexique puis en Amérique centrale, vécut avec les tribus indiennes, découvrit la cité perdue Maya de Tuluum. Il déchiffra des inscriptions donnant l'emplacement d'un trésor dans le puits sacré de Chichen Itza. Ce trésor fut découvert plus tard : plusieurs millions de dollars de l'époque, d'objets sacrés en or. Merritt avait déjà quitté le pays. Il revint vers 1913 aux États-Unis, continua sa carrière de journaliste, puis de directeur de journaux, tout en travaillant sur les propriétés des drogues utilisées par les primitifs avec S. Weir Mitchell et Charles Eucharist de Medicis Sajous. Il publia de nombreux travaux tout en progressant dans la carrière de journaliste. Il devait prendre en 1937 le poste de rédacteur en chef de l'*American Weekly*, ce qui ne lui laissa pas le temps d'écrire, malheureusement.

Il poussa la vente de l'*American Weekly* à huit millions d'exemplaires. Il mourut d'une crise cardiaque le 21 août 1943. Il s'était installé un laboratoire où il étudiait les drogues et les alcooloïdes[40]. Il finit par installer à Clearwater en Floride un centre de recherches botaniques où il cultivait près de deux cents plantes qui ne poussent pas naturellement aux États-Unis. On peut se demander à quel point le professeur Goodwin, le narrateur du *Gouffre de la Lune* et du *Monstre de métal* est Merritt lui-même. Il se considérait uniquement comme un écrivain de science-fiction et se donnait beaucoup de peine pour justifier scientifiquement ce qu'il écrivait. Il avait une grande passion pour la France où il était souvent venu.

De 1940 à 1943, il défendit la cause française dans l'*American Weekly,* à l'époque la plus noire de l'histoire de France. Il avait installé une bibliothèque très riche de science-fiction et de fantastique, de démonologie et d'alchimie dans sa maison de Cloverdale Road à Hollis, Queens, New York.

Il écrivait pour lui-même, lentement et sans s'intéresser aux lecteurs. Il était laid, timide et doué d'un grand sens de l'humour. Il aimait raconter l'histoire d'une belle lectrice qui lui avait demandé un rendez-vous avec insistance. Merritt le lui accorda finalement. La dame jeta un coup d'œil et s'écria : « Ce n'est tout de même pas vous qui avez écrit *le Gouffre de la Lune* ! » Et Merritt de conclure : « Cela m'a servi de leçon. Je ne parle plus de moi. »

Il s'intéressait beaucoup à tous les problèmes de la personnalité multiple, probablement parce qu'il en avait une lui-même.

Il fut journaliste d'abord et reporter surtout. Il aimait pénétrer des milieux étranges, écrire en risquant sa vie. Tout naturellement, il arriva au sommet du journalisme, à la direction de l'*American Weekly* pour le compte de William Randolph Hearst. Il fut aussi écrivain et c'est ce qui nous a surtout intéressés ; mais il n'était pas content de lui comme écrivain et passait par une phase de dépression chaque fois qu'il avait fini un livre.

Cependant, il semble que sa personnalité essentielle ait été celle d'un chercheur indépendant : anthropologue, chimiste, ethnologue, botaniste, spécialiste du folklore. Il a publié des communications à des Académies des Sciences et quelques brochures à compte d'auteur. Un certain nombre de ses travaux reste inédit et peut-être sa femme, Madame Eleanor Merritt, consentira-t-elle à les publier. On pourrait imaginer qu'il s'est décrit lui-même lorsqu'un de ses héros, Alain de Carnac (dans *Rampe ombre, rampe !*) fait le portrait de l'un de ses maîtres :

« Un saint homme accompli et faiseur de miracles, un chercheur du savoir sur d'étranges chemins. C'est ce que les hommes superstitieux appelleraient un sorcier. »

Merritt fut certainement, et il l'a toujours prétendu avec fermeté, un rationaliste. Son univers est celui de la science et non pas l'univers magique d'un Machen. Mais c'est un univers extrêmement large ressemblant assez — et pour cause ! — à celui du *Matin des magiciens*. On y trouve des civilisations disparues, des civilisations existant encore sous les océans ou dans les coins secrets du globe terrestre, la mémoire génétique, la para-psychologie, des portes sur les autres dimensions.

Comme je l'ai déjà noté, l'œuvre de Merritt, malgré le rationalisme de l'auteur, est essentiellement une œuvre métaphysique touchant aux problèmes les plus profonds. Mais c'est aussi une œuvre essentiellement humaine et Merritt se sépare là de la plupart des auteurs du fantastique. Alors que les personnages de Wells, de Lovecraft, de Machen sont écrasés par les événements qui leur arrivent, qu'ils n'ont aucune personnalité et qu'ils ne songent pas un instant à combattre, les personnages de Merritt sont avant tout des aventuriers prêts à lutter. Les horizons qu'ils découvrent les incitent à l'ambition plutôt qu'à la terreur. Le héros des *Sept empreintes pour Satan* se bat avec le diable pour la possession du monde et finit par gagner. Le docteur Lowell et son disciple, Alain de Carnac, exterminent des monstres plus terribles que tous ceux que Lovecraft et Machen avaient imaginés. Même lorsque les personnages de Merritt succombent, ils meurent debout et non pas écrasés. Et, le plus souvent, ils finissent avant de mourir par obtenir ce qu'ils avaient désiré : un empire, la femme qu'ils voulaient ou leur vengeance. C'est ce qui rend Merritt unique dans le domaine du fantastique, il place dans des situations fantastiques des êtres humains complets, hommes et femmes, qui exploitent une situation à fond, soit pour le compte de l'humanité entière comme le professeur Goodwin, soit pour leur propre ambition, comme d'autres personnages.

Le Gouffre de la Lune et *le Monstre de métal* sont présentés comme des rapports à une Académie des Sciences faits par le professeur Goodwin et réécrits par Merritt pour le grand public en censurant des révélations trop dangereuses. Les autres livres sont le plus souvent écrits à la première personne et sont des portraits de vrais aventuriers en même temps que des visions fantastiques. Pour Merritt, il ne s'agissait d'ailleurs pas de fantastique mais de réalisme. Ce qu'il avait lui-même réalisé en laboratoire ou observé au cours de ses voyages (il avait été accepté comme membre d'une tribu indienne dans la région de Miraflores après un sacrifice de sang et en savait plus sur les « primitifs » que n'importe quel anthropologue) lui permettait d'affirmer que l'univers de la science contenait des aspects apparemment fantastiques et qu'il y avait eu, qu'il y avait peut-être encore des sciences plus avancées que la nôtre. Il décrit quelques-uns des instruments de cette science, notamment un transmetteur de matière dans *Le Gouffre de la Lune*, avec autant de précisions qu'un savant visitant le laboratoire de notre savant.

A-t-il souffert de ne pas être connu par le milieu scientifique comme un des esprits les plus avancés de son époque ?

Je ne sais pas. Mais je voudrais terminer par une phrase d'une de ses nouvelles *Le dernier poète et les robots*[41] :

« Étant réellement intelligent, il ne haïssait rien ni personne. Il savait seulement que de l'océan de stupidités qu'est l'humanité s'élèvent de temps en temps des vagues intelligentes qui retombent ensuite dans la mer stupide. Il savait qu'il était une de ces vagues. »

Biobibliographie d'Abraham Merritt :

Né en 1888 - Mort en 1943.
Profession principale : journaliste.
Professions secondaires : chimiste organicien spécialisé dans la recherche biologique, inventeur avec le professeur J. Weir Mitchell des drogues psychédéliques, archéologue, romancier.

Ouvrages traduits en français :

Le Gouffre de la Lune, Gallimard, 1954.
Le Monstre de métal, Gallimard, 1954.

Il faut ajouter à cela une très belle traduction par Georges Galley [*sic*] de la nouvelle « Trois lignes de vieux français » dans l'anthologie *Escales dans l'infini* (Hachette), 1958.

Bibliographie actualisée :

Romans et recueils :

Le Docteur maudit, Paris : Simplon, 1954 (« Frayeurs » 1).
Le Gouffre de la Lune, trad. Henri Wertheuner, Paris : Hachette, 1957 (« Le Rayon fantastique »).
Sept pas vers Satan, trad. Arlette Rosenblum, Paris : Opta, 1971 (« Aventures fantastiques » n° 7).
— Paris : Nouvelles Éditions Oswald, 1979 (« Fantastique, science-fiction, aventure » 1).
— Verviers (Belgique) : Marabout, 1980 (« Bibliothèque Marabout » 711).
Le Visage dans l'abîme, trad. Paul Chwat, Paris : Albin Michel, 1974 (« science-fiction » 30).
— Paris : J'ai lu, 1978 (886).
— dans *Atlantides - Les îles englouties*, Lauric Guillaud éd., Paris : Omnibus, 1995.
Les Habitants du mirage et *Sept pas vers Satan*, trad. Arlette Rosenblum, Paris : Opta, 1971 (« Aventures fantastiques » 7).
Les Habitants du mirage, trad. Arlette Rosenblum, Paris : J'ai Lu, 1974 (557).
— dans *Les mondes perdus*, Jacques Goimard éd., Paris : Omnibus, 1993.
La Nef d'Ishtar, trad. Michel Deutsch, Paris : J'ai Lu, 1975 (574).
Brûle, sorcière, brûle !, trad. George H. Gallet, Paris : Retz, 1976 (« Chefs-d'œuvre de la science-fiction et du fantastique »).
— Paris : Nouvelles Éditions Oswald, 1984 (« Fantastique, science-fiction, aventure » 111).
Rampe, ombre, rampe, trad. François Truchaud, Paris : Nouvelles Éditions Oswald, 1981 (« Fantastique, science-fiction, aventure » 29).

La Femme du bois, trad. Jean-Paul Gratias et al., Paris : Nouvelles Éditions Oswald, 1984 (« Fantastique, science-fiction, aventure » 105).

Le Monstre de métal, trad. Gilberte Sollacaro, Paris : Hachette, 1957 (« Le Rayon fantastique »).

— Paris : Retz, 1975 (« Chefs-d'œuvre de la science-fiction et du fantastique »).

— Paris : Nouvelles Éditions Oswald, 1983 (« Fantastique, science-fiction, aventure » 72).

La Femme-Renard, trad. Jacqueline Leclud, Paris : Nouvelles Éditions Oswald, 1979 (« Fantastique, science-fiction, aventure » 6).

Nouvelles :

« Trois lignes de vieux français », trad. Georges H. Gallet, dans *Escales dans l'infini*, Paris : Hachette, 1954 (« Le Rayon fantastique » 26).

— trad. France-Marie Watkins, dans *Les meilleurs récits de* Famous Fantastic Mysteries, éd. Jacques Sadoul, Paris : J'ai Lu, 1977 (731).

« Les Êtres de l'abîme », trad. France-Marie Watkins, dans *Les meilleurs récits d'*Amazing Stories, éd. Jacques Sadoul, Paris : J'ai Lu, 1974 (551).

« La Femme du bois », trad. France-Marie Watkins, dans *Les meilleurs récits de* Weird Tales *1*, éd. Jacques Sadoul, Paris : J'ai Lu, 1975 (579).

« Le Défi de l'au-delà », trad. France-Marie Watkins, dans *Univers 01*, Paris : J'ai Lu, 1975 (598).

« La Porte des dragons », trad. Jean-Pierre Moumon, *Antarès* n° 1, mars 1981.

L'essentiel de l'œuvre de Merrit a été repris en deux volumes sous le titre *Œuvres Complètes*, aux éditions Lefrancq, collection « Volumes », 1997-1998.

Chapitre III

Arthur Machen

ou

Les Sacrements du Mal

Chapitre III

Arthur Machen
ou
Les Sacrements du Mal

«Il existe des sacrements du Mal de même que des sacrements du Bien autour de nous, et nos vies et nos actes se déroulent dans un monde inconnu, un monde où il y a des cavernes et des ombres et des habitants crépusculaires. Je pense que l'homme peut quelquefois rebrousser chemin sur la route de l'évolution et qu'un épouvantable savoir n'est pas encore mort. »

Le jeune homme, qui à la fin du XIXe siècle écrivait cette phrase terrible, avait eu à Londres des expériences dont il n'a jamais exactement précisé la nature. Mais il s'en est ouvert à un ami français, P.-J. Toulet :

«Alors je n'aurais pu croire un instant que d'aussi étranges événements fussent jamais arrivés dans la vie réelle ou même aient été susceptibles de s'y produire. Mais depuis, et tout récemment, il s'est produit dans ma propre existence des expériences qui ont tout à fait changé mon point de vue à ce sujet. Je ne dis pas évidemment que toutes les circonstances de *La poudre blanche* se soient produites en réalité comme je les ai racontées, mais je les crois désormais très possibles. Je suis tout à fait convaincu même qu'il n'y a rien d'impossible sur terre. J'ai à peine besoin d'ajouter, je suppose, qu'aucune des expériences que j'ai faites n'a de rapport avec de telles impostures que le spiritualisme et la théosophie. Mais je crois que nous vivons dans un monde de grands mystères, de choses insoupçonnées et tout à fait stupéfiantes ! »

Cette lettre date d'octobre 1899.

Le jeune homme s'appelait Arthur Machen.

Machen était né le 3 mars 1863 à Caerleon dans le pays de Galles. Il avait fait des études littéraires qui l'avaient conduit, ce qui était rare à l'époque, à apprendre le français.

Il devait écrire :

« Notre professeur de français ne portait pas de robe ni de toque, ce qui fait qu'il n'était pas considéré comme un vrai professeur et que j'ai cru pendant longtemps que le français n'était pas une vraie langue. »

Ce qui ne l'empêcha pas plus tard de traduire les classiques français en un anglais parfait.

Il arriva à Londres à l'âge de dix-sept ans en 1880. Il tomba dans une ville romantique, une ville des Mille et Une Nuits. Il devint aussitôt citoyen d'adoption de Londres et il commença une carrière d'écrivain et de journaliste. Il était très pauvre, il ne voyait personne. L'hiver, il restait assis dans sa chambre recouvert d'un épais manteau et se chauffait les mains à la flamme du bec de gaz qui l'éclairait. Il écrivit un premier livre, *L'Anatomie du tabac*[42]. Livre étrange écrit dans l'anglais du XVIe siècle et qui passa inaperçu. Il traduisit *L'Héptaméron*, de Marguerite de Valois[43]. Il classa la collection des livres occultes du libraire Redway. Celui-ci mit à sa disposition un petit bureau dans une mansarde au-dessus des bureaux de l'éditeur Vizetelly qui était en prison pour avoir publié la traduction anglaise de *La Terre*, de Zola. Machen avait déjà lu Nicolas Flamel. A force de classer des livres occultes, il se passionna pour l'alchimie et ses mystères puis pour l'occultisme en général. En 1885, il sortait *Redway*, un superbe catalogue de la littérature de l'occultisme et de l'archéologie. Ce catalogue attira l'attention et devait lui faire connaître en 1887 A.E. Waite, le grand expert en occultisme et le fondateur de la fameuse société secrète de l'Aube d'Or : The Golden Dawn.

Waite était un mystique prudent et sceptique, la meilleure variété du genre. Son histoire des Rose-Croix prouve que ceux-ci n'ont jamais existé.

L'intérêt de Machen pour les grands mystères devint alors une complète et intolérante passion.

En attendant, il fallait que Machen vive. Il traduisit les douze volumes des *Mémoires* de Casanova[44], il traduisit *Le Moyen de parvenir*, par Béroalde de Verville[45]. C'est une curieuse imitation de Rabelais, il ne vaut pas l'original. Ce livre est tellement obscène que les éditeurs ont dû pratiquer des coupures considérables. Mais l'heure approchait où Machen allait finalement pouvoir s'exprimer.

En décembre 1894, l'éditeur John Lane publiait son premier livre réellement personnel : *Le Grand Dieu Pan*. La couverture était l'œuvre d'Aubrey Beardsley.

Livre effrayant, livre qui fut dénoncé par tous les gens responsables. Le *Manchester Guardian* écrivit :

« Ce livre est le plus désagréable qui ait jamais été écrit en anglais. Il est volontairement désagréable, il est d'une méchanceté aiguë qui transperce. Nous pourrions en dire plus, nous ne le ferons pas pour ne pas faire de la publicité à ce livre maudit. »

Les bibliothèques privées qui abondaient en Angleterre à cette époque où les livres étaient chers, refusèrent de citer *Le Grand Dieu Pan* dans leurs catalogues ou de l'exhiber sur leurs rayons. Et il y avait de quoi choquer. *Le Grand Dieu Pan* donne l'impression de forces inconnues de toutes les terreurs que la surface de l'univers nous cache. Le sujet n'est pas facile à résumer. Essayons cependant :

Un chirurgien modifie le cerveau d'une femme de façon qu'elle voit l'univers dans sa totalité et non pas par les étroites fenêtres de nos sens. Les anciens qui arrivaient quelquefois à réaliser cette vision par des moyens transitoires et non pas d'une façon permanente, appelaient cela : « Voir le Grand Dieu Pan. »

L'expérience tourne à la catastrophe. La femme ainsi traitée, brûlée en quelque sorte par l'immensité des forces et des êtres avec qui elle est en contact parce que, pour elle, les portes de la perception ont été totalement nettoyées, devient folle, et elle donne naissance à une fille qui grandit, qui devient très belle et qui est un être maudit semant la destruction autour d'elle.

C'est un livre, donc, qui sent le soufre et on y retrouve à la fois l'idée moderne à l'époque de la science sacrilège et les idées anciennes de l'alchimie et de la préparation des ténèbres.

L'alchimiste Thomas Vaughan avait écrit :
« Sous tous les degrés des sens, il est une certaine ténèbre, horrible et inexprimable, que les alchimistes appellent « tenebrae activae ». »
C'est l'intrusion de ces ténèbres actives dans notre monde tangible, que le livre décrit.
Le Grand Dieu Pan fut suivi par un autre livre, le meilleur de Machen peut-être, *Les Trois Imposteurs*[46]. On a pu dire que ce livre est une imitation des *Nouvelles Mille et Une Nuits* de Robert Louis Stevenson. C'est vrai en ce qui concerne la construction du livre qui utilise la technique, nouvelle à l'époque, d'une série de récits liés entre eux par une quête commune. C'est faux, car le livre de Stevenson est une amusette, et celui de Machen est une série de portes s'ouvrant sur un univers sinistre. D'autre part, Machen dépasse de loin Stevenson par la qualité du style.

Un des récits de ce livre : *Le Roman du cachet noir*[47], est peut-être l'histoire la plus effrayante qui ait jamais été écrite. C'est l'histoire d'un savant que la recherche scientifique conduit au-delà d'une frontière interdite et qui découvre qu'il est possible de prendre dans la campagne anglaise un certain chemin conduisant à un monde inconnu, où vit encore à notre époque une race non humaine, hostile à l'humanité, une race qui est à l'origine de toutes les légendes et de la sorcellerie.

Le héros de l'histoire, le professeur Gregg, travaille comme un détective. A partir d'indices minuscules, il déduit une réalité prodigieuse. A la fin de ces recherches, il a tout juste, en un quart de siècle de travail, rempli un tiroir.

Il en décrit le contenu :
« Quelques morceaux de papier et une pierre noire sur laquelle sont tracés grossièrement d'étranges signes. Une vieille enveloppe avec le timbre rouge sombre d'il y a vingt ans. Une feuille de manuscrit et quelques coupures de journaux ruraux obscures. Les sujets des articles n'apparaîtront pas extraordinaires à première vue, une domestique de ferme qui disparaît et qu'on ne revoit jamais ; un enfant que l'on suppose s'être perdu dans une vieille ruine ; des inscriptions bizarres sur un rocher calcaire, un homme assassiné avec une arme étrange. Tels sont les signes de la piste que je suis en train de suivre. » Cette piste le conduira hors de ce monde, au pays souterrain où la race qui a précédé l'homme vit encore. Peu à peu, il accumulera les preuves. L'inscription sur la pierre noire date de quatre mille ans, mais la même inscription a été tracée quinze ans seulement avant le début des recherches du professeur Gregg sur un rocher. Peu à peu, comme un détective poursuivant un coupable, le professeur Gregg trouvera la vérité tellement horrible que le langage est impuissant à l'exprimer entièrement.

Une partie de cette vérité se trouve dans les indices qu'il a recueillis.
Une autre partie se trouve dans les œuvres de l'historien latin Solinus :
« Ce peuple habite dans des endroits sauvages et secrets et célèbre des mystères maudits sur les collines sauvages. Ils n'ont rien de commun avec les hommes, sauf le visage et les coutumes de l'humanité leur sont totalement étrangères. Et ils détestent le soleil. Ils sifflent plutôt qu'ils ne parlent. Leurs voix sont dures et inspirent la crainte. Ils se vantent de posséder une certaine pierre noire qu'ils appellent la pierre aux soixante caractères. Et cette pierre a un nom secret que je n'ose traduire et qui est Ixaxar. »

Or, la pierre noire que possède le professeur a bien soixante caractères, le reste se révélant être simplement des égratignures.

Une autre partie de la vérité se trouve sur le terrain où le professeur poursuit d'étranges recherches.

Et la secrétaire du professeur commence à être très inquiète :

« Bien qu'ayant des habitudes sceptiques, bien que ne comprenant que très peu de choses aux recherches du professeur, j'ai commencé à avoir peur. C'est en vain que je me suis répété le dogme de la science : que toute vie est matérielle et que dans le système des choses il n'y a pas de Terre inconnue où le surnaturel puisse se fixer, même si l'on cherche au-delà de l'étoile la plus lointaine. Mais c'est alors que j'ai pensé que la matière est en réalité aussi effrayante et inconnue que l'esprit et que la science ne fait que s'avancer timidement sur le seuil et qu'elle n'entrevoit qu'à peine les merveilles du temple intérieur. »

Ces phrases sont aussi actuelles de nos jours, plus peut-être qu'elles ne l'étaient du temps de Machen. Le naïf matérialisme du XIXe siècle s'est effondré. L'épouvantable réalité des pouvoirs inconnus de la matière a été révélée en plein jour à Hiroshima et à Nagasaki. La psychologie des profondeurs comme les horreurs des camps de concentration ont révélé les forces noires qui contrôlent l'esprit rationnel sans qu'il s'en rende compte.

La vision de Machen est une vision éternelle et dont les symboles concordent bien avec les réalités que la science continue à découvrir. La secrétaire du professeur racontera l'histoire. Et celui qui écoute le récit :

« ... regarda le soir tomber sur le square, les hommes et les femmes se dépêchant d'aller dîner, les queues devant les music-halls et toute cette vie dite réelle lui sembla visionnaire et fragile tel un rêve après le réveil. »

Il semble surprenant au lecteur moderne qu'un génie de ce calibre n'ait pas été aussitôt remarqué. Mais il n'était pas dans la ligne de l'époque. Jules Verne et H.G. Wells qui évoquaient les merveilles évidentes et les périls évidents de la science, ont eu davantage de succès.

Machen, avec une certaine philosophie, écrivit à un ami : « Ils sont plus habiles que moi. »

De plus, Machen fut vite considéré comme « malsain ». C'était l'époque du procès d'Oscar Wilde et tout cela contribua à faire tomber l'oubli sur une œuvre déjà extraordinaire. Machen continua à écrire et publia en 1904, dans une revue oubliée, *The Horlicks Magazine*, l'œuvre que la plupart des critiques considèrent comme son sommet : *La Colline des rêves*.

L'ouvrage devait paraître en volume en 1907 chez l'éditeur Grant Richards.

Le dessein de Machen, lorsqu'il écrivit ce livre qu'il devait mettre dix ans à faire paraître, de 1895 à 1897, était d'écrire un Robinson Crusoë de l'âme humaine :

« L'histoire d'un homme qui est seul non pas parce qu'il est sur l'île déserte et qu'il ne peut s'adresser à personne, mais parce qu'au milieu des millions d'êtres humains, il vit dans un grand abîme qui le sépare de tous. »

Le résultat est un grand livre qui, une fois de plus, passa inaperçu. Les critiques observèrent que l'ouvrage ne présentait pas d'intérêt pratique ! Cette singulière conception de la littérature placerait à l'avant-garde les livres de cuisine qui sont d'ailleurs les seuls à être écrits à la deuxième personne : « Vous prenez une livre de cacao et une livre de farine... »

Machen continua à écrire et publia un court livre d'essais littéraires *Hiéroglyphes*[48] ; il y découvrit Rabelais pour les critiques anglais et pour le public anglais. Avant Machen, Rabelais était considéré en Angleterre comme un simple pornographe sans intérêt. Machen montra sa grandeur.

Et c'est alors qu'il se plongea dans des expériences dites occultes qui tenaient de l'hypnotisme et d'autres méthodes plus efficaces pour explorer la psychologie des profondeurs, méthodes que la psychologie officielle n'a pas encore découvertes.

Il arrêta ses expériences à temps avant l'inévitable catastrophe par laquelle elles se terminent toujours et qui est la maladie de Parkinson. Les médecins disent que cette maladie ne peut pas être psychosomatique. Il faut alors conclure que certaines expériences d'auto-hypnose mettent en contact avec un champ de forces bien réel et capable de produire des courts-circuits dans le système nerveux.

Quoi qu'il en soit, Machen échappa à ce péril, devint acteur, se maria pour la deuxième fois (sa première femme était morte en 1899) et commença, comme il devait le dire lui-même, une seconde vie plus saine. Il publia d'autres livres, dont *La Gloire secrète*[49], qui est à la fois une attaque violente contre le système d'éducation anglais de l'époque, une légende moderne du Graal, une philosophie aboutissant à un art de vivre singulier : « Si Christophe Colomb avait été vraiment grand, il aurait, en découvrant l'Amérique, jeté son équipage à la mer. Puis il serait revenu tout seul en disant qu'il n'y a rien là-bas. Et il aurait terminé sa vie entouré d'une gloire secrète et sachant seul qu'un autre continent et d'autres hommes et, plus loin, d'autres étoiles existent pour lui seul. »

Après quoi Machen se lança dans le journalisme et, en 1910, il entrait à l'*Evening News*. Période très dure. Machen écrivit :

« J'étais dans la situation d'un homme capturé par une tribu de singes particulièrement méchants. »

Néanmoins, cela lui permit d'écrire son autobiographie[50], quelques nouvelles remarquables et des essais.

La guerre mondiale arriva et, avec elle, une aventure extraordinaire qui fit connaître le nom de Machen à l'Angleterre tout entière. C'était en septembre 1914. La guerre commençait par des succès allemands éclatants qui pouvaient laisser craindre une victoire imminente de l'Allemagne.

Beaucoup espéraient un miracle. Machen, dans l'*Evening News* du 29 septembre 1914, décrivit ce miracle.

Il écrivit une nouvelle d'imagination qu'il appela *Les Archers*[51]. Il y décrivait saint Georges et ses archers attaquant les Allemands et brisant leur offensive. Bien entendu, il n'y avait aucune trace de vérité dans cette histoire. Imagination pure et simple. Mais immédiatement, cette imagination fut prise au sérieux. Des milliers de témoins assurèrent avoir vu les archers surnaturels ! En plein XXᵉ siècle, la puissance de l'illusion et la faiblesse du rationalisme furent démontrées. Machen démentit. Cela ne produisit aucun effet. *Les Archers*, accompagnés de trois autres nouvelles, apparurent en volume[52]. Cent mille exemplaires furent vendus dans l'année. Des volumes d'autres auteurs : récits de témoins, sermons, etc., se multiplièrent. Machen continua à démentir, mais tout le monde l'accusa d'avoir entendu cette histoire de la bouche des premiers témoins et l'avoir écrite ! La fiction s'est montrée plus puissante que la réalité.

Du coup, l'œuvre suivante de Machen, un roman intitulé *La Terreur*[53], fut fondée sur la censure. Le sujet en est une révolte générale des animaux contre l'homme, dont l'existence est étouffée par la censure et à laquelle personne ne croira, bien qu'il y ait de nombreux morts. Après quoi, Machen se replongea dans le journalisme en collectionnant ce que Georges Langelaan appelle « les faits maudits »[54] et en se spécialisant dans des enquêtes bizarres. Il devait écrire : « Il y a des choses étranges enterrées et oubliées dans les colonnes des journaux. » Il cite comme exemple une dépêche de l'agence Reuter au sujet d'un haut dignitaire tibétain exilé aux Indes : « Son Éminence monta alors au sommet d'une haute montagne et fut transfiguré. » Machen ajoute avec regret que jamais on ne donna au public la moindre explication sur cette phrase pour le moins étrange. Il cite aussi un exemple dans ses propres aventures :

Un gentleman belge, mais probablement d'origine italienne, appelé Campo Tosto, vivait dans une localité nommée Burnt Green, traduction en anglais de son nom. Il passait ses loisirs à tirer à l'arc sur les journalistes, les vagabonds et en général sur quiconque essayait d'entrer chez lui. Il avait une collection sans précédent d'objets de cultes médiévaux, tout neufs et pourtant authentiques. Lorsqu'il mourut, il laissa sa collection et tous ses biens à son domestique appelé Turk. L'État anglais et des parents de M. Campo Tosto protestèrent. Machen fut envoyé pour faire un article. Le domestique se refusa à tout commentaire mais prit dans la poche du manteau de Machen le journal, le mit à l'envers et se mit à le lire à haute voix[55]. Machen n'eut jamais d'explication mais, à la suite de cette aventure, l'on prit l'habitude de l'envoyer faire les reportages extraordinaires. C'est lui qui avait fait le reportage du fameux siège de Sydney Street, le 2 janvier 1911. Des anarchistes s'étaient barricadés et tiraient sur la police. Machen s'installa sur le toit d'un immeuble voisin en mangeant des sandwichs de viande de cheval qui étaient tout ce qu'il pouvait s'offrir avec ce qu'on lui payait dans la presse. Vers midi, il vit arriver Winston Churchill qui était alors ministre de l'Intérieur. Churchill arriva dans sa voiture, le cigare à la bouche, reçut quelques balles, qui s'écrasèrent sur la voiture, et repartit pour envoyer sur place l'artillerie à cheval. Là-dessus, la maison prit feu et les trois anarchistes brûlèrent.

Machen continua cette vie d'amateur d'insolite et de scribe de miracles[56] jusqu'en 1921. Il continua à écrire et commença à être un peu connu aux États-Unis tout au moins, sinon en Angleterre. Une édition Club des *Mémoires* de Casanova continua à paraître. D'autres recueils de nouvelles suivirent. Puis les difficultés financières le forcèrent à quitter Londres et à s'installer à Amersham. Les difficultés d'argent le forcèrent à écrire et souvent à écrire des livres qui ne lui plaisaient pas à lui-même. Une modeste pension de 1500 livres par an l'aida un peu. Il commença à être un peu connu en France, grâce à un article de Madame L. Cazamian : « Arthur Machen, théoricien de l'esthétisme. » Il publia en 1936 deux volumes de nouvelles tout à fait excellentes : *La Chambre agréable*[57] et *Les Enfants de l'étang*[58]. On y trouve quelques-uns de ses meilleurs récits. En 1938, la traduction française de P.-J. Toulet fut rééditée avec une préface d'Henri Martineau. Celui-ci avait déjà fait un article sur Machen, et Toulet un autre dans *Le Mercure de France*. La guerre éclata et la vie se fit très dure. Un appel de fonds pour aider les vieux écrivains parut dans la presse anglaise et américaine. Il était signé de Max

Beerbohm – Algernon Blackwood – Walter de la Mare – T.S. Eliot – Deslibd Mac-Carthy – Compton Mackenzie – Edward Marsh – John Masefield – A.E.W. Mason – Arthur Quiller-Couch – Michael Sadleir et Bernard Shaw.

Le même appel parut dans *Unknown*, la grande revue américaine du fantastique moderne, dans le dernier numéro, hélas ! C'était en 1943 et *Unknown* mourut faute de papier. Des sommes considérables furent réunies et le 3 mars 1943, jour du quatre-vingtième anniversaire de Machen, elles purent lui être remises lors d'une cérémonie au célèbre restaurant Hungaria à Londres. Cela lui facilita ses dernières années et lui rendit la vie supportable.

Il mourut le 15 décembre 1947 à l'aube.

« Un rêve, une vie » aurait dit H.G. Wells.

J'ai réussi partiellement à éveiller à nouveau un intérêt pour Machen en lui consacrant un chapitre du *Matin des magiciens*. Mais il n'est pas assez connu et je n'ai pas réussi, à ce jour, à faire pour lui ce que j'ai pu faire pour H. P. Lovecraft dont il fut un des inspirateurs. Je ne désespère pas d'y réussir un jour, car le terrifiant univers de Machen mérite d'être connu. Il est peut-être fantastique : je le trouve réaliste.

L'univers de Machen est un univers où le sacré est revenu. Les sacrements du Bien comme les sacrements du Mal y sont à nouveau présents.

Ce retour du sacré était une anticipation.

Pendant la Seconde Guerre mondiale, du vivant de Machen, Aragon le Premier Ministre, Aragon le rationaliste, Aragon l'incrédule, devait écrire :

Miracle se fait aux Lieux Saints
Où les larmes du peuple tombent.

Le poème à la mémoire de Gabriel Péri où Aragon écrivait ces lignes était lui-même un miracle semblable à celui de Machen avec *Les Archers*. Aragon avait écrit que Gabriel Péri reposait dans la fosse commune au cimetière d'Ivry. C'était faux. Aragon devait apprendre la vérité plus tard et en parler lorsque le poème fut librement édité dans *La Diane française*. Mais la vérité poétique d'Aragon s'est imposée aux dépens de la vérité réelle. Des millions de Russes, de Chinois, de Sud-Américains ont appris par cœur les poèmes de *La Diane française* en traduction. Pour eux :

Dans le cimetière d'Ivry, quoi qu'on fasse
Et quoi qu'on efface
Le vent qui passe aux gens qui passent
Dit ce nom : Gabriel Péri.

Et encore :

Dans le cimetière d'Ivry, la douleur viendra
Les mains vides
Ainsi nos maîtres en décident
Par peur de Gabriel Péri.

Et finalement :

Pourtant le martyr dans sa tombe
Brave encore les assassins
Miracle se fait aux Lieux Saints
Où les larmes du peuple tombent.

Ainsi les sacrements du Bien, par l'intermédiaire des martyrs, ont-ils fait à nouveau leur entrée dans le monde réel.

Il y a de nouveau des saints. J'en ai connu au moins un, qu'il est question de canoniser : le père Jacques, un Carme déchaussé qui était avec moi à Mathausen et qui y est mort.

Quant aux sacrements du Mal, l'aventure hitlérienne montre bien qu'ils sont aussi revenus, si jamais ils nous avaient quittés. Quand on a vu d'un peu près l'ordre noir hitlérien, il est difficile de croire qu'il s'agissait d'un simple phénomène sociologique, qu'il n'y avait pas autre chose derrière.

C'est un de ces cas dont parle Chesterton où il y a réellement commerce avec l'ennemi.

Et tout cela me donne des raisons de parler ou de penser que Machen était un réaliste fantastique et qu'après tout son monde coïncide plus qu'on ne le croit avec le monde réel. Ce qui lui aurait été d'ailleurs parfaitement égal. Ce qu'il recherchait, c'est l'extase et le titre d'un de ses livres publié en 1902 est significatif : *Hieroglyphics – A note upon ecstasy in literature*. Cette extase, il la recherchait par la littérature, par l'expérience intérieure, par une recherche de contacts et de pistes autour de lui, et je pense que quelquefois il avait réussi à la trouver. Dans le livre que je viens de citer, il a défini sa raison de vivre : *Man is a sacrament, soul manifested under the form of body, and art has to deal with each and both and to show their interaction and interdependance* : (l'homme est un sacrement, une âme rendue manifeste sous la forme d'un corps et l'art doit s'occuper des deux séparément et ensemble et montrer leur interaction et leur dépendance mutuelle).

Et plus loin, dans le même livre, ce commentaire : « Il n'est qu'un test par lequel la littérature doit se distinguer du simple matériel de lecture et ce test est résumé par un seul mot : l'extase. »

On pourrait dire que l'attitude de Machen est exclusivement littéraire et qu'il ne parle jamais de l'extase à laquelle on peut atteindre dans les mathématiques. Je pense qu'il en avait entendu parler mais qu'il s'était borné dans ce livre à des expériences spirituelles auxquelles il avait réellement participé.

Wells, qui avait eu des contacts plus étroits avec la science, avait présenté sa poésie du vivant de Machen. Celui-ci ne paraît pas en avoir été impressionné et a dit de Wells : « C'est un jeune habile », ce qui était assez injuste.

La science paraît avoir procuré à Wells une extase plus valable et plus durable que ne devaient apporter à Machen ses recherches occultes. Mais ceci est une autre histoire.

L'univers de Machen se place à un niveau autre que celui que la science peut atteindre. L'écrivain américain Fritz Leiber, très influencé par Machen et Lovecraft, devait écrire dans son beau roman : *À l'aube des ténèbres* (Le Rayon fantastique) : « Après tout, quand on y regarde de très près, l'univers peut être aussi bien composé de démons que d'électrons. »

On trouve la même idée dans le récent roman de James Blish : *Les Pâques noires*[59], paru en français aux éditions Planète et qui révèle dans notre monde bien réel des pratiques de magie noire qui finalement conduisent le monde à sa perte.

La science s'est donnée beaucoup de mal pour montrer qu'il n'existe dans le monde aucune activité intelligente, pas même celle de l'homme. Les doctrines rationalistes en psychologie, le structuralisme tendent à montrer que l'homme ne pense réellement pas, que personne d'autre que lui ne pense et que l'univers est un arrangement de grains de matière et de grains d'énergie uniquement gouverné par le hasard. Une telle conception a ses avantages, notamment lorsqu'elle explique les maladies non pas par la possession démoniaque ou la colère des dieux, mais par l'action des microbes et des virus.

Il est pourtant permis d'avoir une autre conception de l'univers et c'est celle-ci que défend Machen, et il n'est pas défendu de penser qu'il n'a pas tort.

En effet, les savants les plus sérieux sont maintenant d'accord pour admettre que notre description de l'univers n'est qu'une description de surface. Car la croyance à l'existence avant nous de civilisations avancées plus puissantes que la nôtre et s'étant elles-mêmes détruites, commence à être nettement plus respectable de nos jours que dans le XIXe siècle matérialiste de Machen.

Tout récemment, à propos du livre de René Barjavel, *La Nuit des temps*, on a interrogé sur la possibilité de telles civilisations quelques-uns des plus grands esprits français.

Ceux dont les noms suivent ont donné leur accord écrit sur cette idée :

Louis Armand, de l'Académie française ;
Gaston Bouthoul, professeur à l'École des hautes études (Sorbonne) ;
François de Closets ;
Albert Ducrocq ;
Jean Fourastié, professeur au Conservatoire des arts & métiers ;
Jean Rostand, de l'Académie française ;
Nicolas Vichney.

Si l'on suppose que des traces de cette civilisation ancienne restent encore, qu'en particulier certains de ses moyens d'action sur les masses sont encore à la portée d'un nombre limité d'initiés, on en arrive à la conclusion de Machen : « Un horrible savoir n'est pas encore mort.»

Le monde serait alors plein de secrets qui seraient accessibles à ceux qui veulent à toute force les trouver.

L'homme étant ce qu'il est (et là Machen est forcément pessimiste comme tous ceux qui croient à la doctrine de la Chute), la plupart de ces secrets sont des secrets dangereux capables des pires applications.

Il semble bien que vers le milieu de l'année 1900, Machen ait touché de très près ces grands mystères et que cela l'ait découragé une bonne fois. Ce qui n'a pas empêché son influence de s'exercer et l'on retrouve l'écho de ses idées notamment chez des écrivains américains comme H. P. Lovecraft et Frank Belknap Long.

Tous les deux ne s'en cachent pas d'ailleurs, et la plus belle des nouvelles de Frank Belknap Long (*Les Chiens de Tendanos*[60]) est un écho direct de Machen.

Long y reprend le thème de la Chute :

« Avant le temps, il y eut l'acte que l'on ne peut pas décrire avec des mots. La pomme, l'arbre et les serpents sont les symboles du plus épouvantable des mystères. »

Comme Machen, l'on nous présente un monde et même un univers rempli de périls que l'on ne peut éviter qu'en s'enfermant dans le bocal étroit et poussiéreux de la science matérialiste classique et du rationalisme primaire. Quiconque en sort, le fait à ses risques et périls.

Le thème revient constamment dans la littérature anglo-saxonne, dans des œuvres où l'on voit l'influence de Machen et de son maître : A.E. Waite.

Le plus récent et peut-être le plus terrifiant de ces romans, fondés sur un diabolisme rationalisé et appuyés sur la science, est celui de James Blish : *Black Easter* (*Pâques noires*). Ce livre a été publié à New York par Doubleday. Il était paru en feuilleton dans la revue *If* sous le titre : *Faust Aleph Zero*.

Blish qui est, rappelons-le, l'auteur de *Un cas de conscience*, de la série *Les Cités de la galaxie*[61], et d'une remarquable biographie de Roger Bacon, nous montre la magie noire dans toute son horreur et sans du tout rechercher le sensationnel ni les effets faciles d'un Huysmans.

Il réussit néanmoins à la fin de son livre un effet de terreur peut-être sans précédent dans la littérature. Il a réussi, en tout cas, à me glacer le sang. Car à la fin de son livre, on apprend que Dieu est mort, et cette information est tout à fait certaine, car elle est donnée par le diable lui-même

Le diable est toujours présent dans l'œuvre de Machen. Tantôt un des personnages fait des études pour en prouver l'existence. Tantôt son nom n'est pas prononcé mais son influence se fait sentir.

On ne connaît pas de réaction de Machen au sujet d'Hitler et des camps de concentration.

Machen est mort en 1947, il a donc eu largement le temps de prendre connaissance des rapports sur les procès de Nuremberg. Et il est probable qu'il a dû voir en Hitler — qu'il condamnait dès 1930 — l'émanation directe de l'adversaire. Et je pense souvent que l'interprétation de l'hitlérisme que je propose dans *Le Matin des magiciens*, et qui doit beaucoup à Machen, aurait été approuvée par lui.

Mais je pense aussi, pour être juste, que si l'Ordre Noir nazi trouve un jour des défenseurs, ceux-là utiliseront aussi Machen en s'appuyant sur sa présentation du Mal comme une force transcendante n'ayant aucun rapport avec le monde visible et pouvant attirer par sa transcendance même.

Pour Machen, l'existence d'un monde transcendant, inaccessible aux instruments de la Science, contenant les archétypes du Bien et du Mal que nous pouvons constater à notre niveau, est indiscutable.

A l'âge de quatre-vingt-un ans, il écrivait encore : « Laissons donc l'alouette de Shelley demeurer en esprit et laissons le rossignol de Keats demeurer immortel, dans ce monde qui est ailleurs et qui est le vrai monde. »

Machen, évidemment, n'a pas pu résoudre — pas plus que personne d'autre d'ailleurs — le problème de savoir par quels moyens ce monde transcendant agit sur le monde réel.

C'est un problème qui se posera un jour à la Science lorsque celle-ci commencera à réduire tout ce qui existe à la géométrie d'un espace-temps bizarrement construit. C'est ce qu'on trouve déjà dans la géo-métrodynamique de Wheeler.

Pour Machen, il était possible d'entrevoir ce véritable univers à condition de subir une opération du cerveau horriblement dangereuse. C'est ce qu'il explique dans *Le Grand Dieu Pan*.

Chose curieuse, cet esprit moyenâgeux et anti-scientifique qu'était Machen rejoint là les théories les plus modernes sur les zones silencieuses du cerveau et sur la possibilité d'arriver à une « condition surhumaine » par voie chirurgicale.

Machen connaissait-il les opérations pratiquées par les prêtres Maya sur des sujets qui ensuite possédaient une maîtrise du *telos* ?

C'est possible : à force de lire au British Museum, il pouvait très bien être tombé sur l'information en question. Il aurait été passionné, en tout cas, par la récente affaire de deux jumeaux américains, complètement idiots par ailleurs mais possédant une maîtrise totale du temps, pouvant dater n'importe quels événements même s'ils n'en comprennent pas la signification. Leurs cerveaux paraissent avoir été modifiés. On ne sait pas si c'est par accident génétique ou par maladie. Peut-être ces jumeaux américains ont-ils, comme les personnages de Machen, « vu le Grand dieu Pan » ?

Je n'ai pu trouver dans les documents que j'ai consultés sur Machen aucune trace d'un contact avec le savant marxiste anglais J.B.S. Haldane. Pourtant, Machen aurait certainement approuvé Haldane lorsque celui-ci déclara, après avoir fait le tour de toutes les connaissances scientifiques de son époque : « L'univers n'est pas seulement plus bizarre que ce que nous imaginons, il est plus bizarre que tout ce que nous pouvons imaginer. »[62]

Tel était également l'avis de Machen.

Mais la bizarrerie qu'il attribuait à l'univers n'était pas de la même espèce que celui de Haldane.

Haldane imaginait un univers bizarre mais inerte, sans aucune manifestation d'intelligence non humaine. Machen, par contre, imagine un univers où l'homme est la moindre des intelligences et des forces en action et où les pires dangers ne sont pas physiques.

Il attachait comme les mathématiciens une grande importance aux symboles. Il considérait l'Eglise catholique romaine comme étant un grand système symbolique. Il pensait que son ami A.E. Waite était arrivé à la même conclusion, et il aimait citer à ce propos un mot de Thiers : « Je ne suis pas chrétien ; mais je suis toujours catholique romain. »

L'univers de Machen n'est donc, en aucune façon, un univers double avec une partie pour la matière, une partie pour l'esprit. La matière a ses propres pouvoirs et elle peut parfois rejoindre l'esprit et être animée par lui.

Le corps humain, pour Machen, est le point de jonction des forces mécaniques ou autres provenant de la matière et d'autres forces intelligentes, celles-ci provenant des aspects de l'univers que nous ne percevons pas.

Sans du tout connaître le code génétique, Machen pressentait cependant que la vie, vieille de trois milliards d'années, peut receler d'anciens pouvoirs dont la manifestation peut être terrible. C'est le sujet de la nouvelle « La pierre noire »[63] dans *Les Trois Imposteurs*, et de bien d'autres nouvelles, ainsi que quelques-uns des passages les plus effrayants du *Grand Dieu Pan* !

On y voit l'être humain, sous l'effet de forces imprudemment déchaînées, « rebrousser chemin sur la route de l'évolution » et revenir à cette bouillie primordiale, à cette « soupe vivante » dont les matérialistes comme Haldane devaient parler cinquante ans plus tard et dont ils parlent encore.

Chemin faisant, l'être humain qui s'est engagé sur cette route sans retour passe par des formes monstrueuses que les biologistes ne connaissent pas et qui ont donné naissance à toutes les légendes des diables et des démons.

En regardant les S.S. à travers les barbelés du camp de concentration où j'étais en 1944 et 1945, je me disais que Machen avait bel et bien eu raison et que l'homme peut en effet se dégrader et devenir monstre.

Biobibliographie d'Arthur Machen :

Né le 3 mars 1863 - Mort le 15 décembre 1947.
Professeur principale : écrivain original ; mais il faut noter qu'il a également fait de nombreuses traductions.

Ouvrages traduits en français :

Le Grand Dieu Pan, Emile-Paul, 1935.
Le Cachet noir, Flammarion, 1969.

On trouve également d'importants extraits de diverses œuvres de Machen dans *Le Matin des magiciens.*

Bibliographie actualisée :

Romans et recueils :

Le Grand Dieu Pan, trad. Paul-Jean Toulet (sous pseudo. « Maxy et Perdiccas »), Éditions de la Plume, 1901.
— Paris : Émile-Paul frères, 1938.
— Paris : Le Livre de Poche, 1977 (7006).
— Élancourt-Maurepas : Le Visage vert / Orthez : Éditions de l'Hydre, 1985 (« Fac-similé »).
— dans Paul-Jean Toulet, *Œuvres diverses*, Paris : Union générale d'éditions, 1986 (10:18, série « Fins de siècles »).

— Toulouse : Ombres, 1993 (« Petite bibliothèque Ombres », 21).
— Paris : Librio, 1995.
— dans *Les Savants fous,* éd. Gwenhaël Ponneau, Paris : Presses de la Cité, 1994 (« Omnibus »).
Le Cachet noir, trad. Jacques Parsons, Paris : Flammarion (« L'âge d'or »), 1968.
Le Peuple blanc, trad. Jacques Parsons, Paris : Christian Bourgois, 1970 (« Dans l'épouvante »).
— Verviers (Belgique) : Marabout, 1974 (« Marabout Fantastique » 504).
La Pyramide de feu, Paris : Retz / Franco Maria Ricci, 1978 (« La Bibliothèque de Babel » 4).
La Colline des rêves, trad. Bernadette Nodinot, Paris : Le Terrain vague, 1991 (« Bibliothèque de l'insolite »).
Chroniques du Petit Peuple, trad. Jacques Parsons, Norbert Gaulard, Anne-Sylvie Homassel, Rennes : Terres de brume, 1998.

Nouvelles :

« Ouvrir la porte », trad. Denise Hersant, dans *Histoires d'aberrations*, éd. Jacques Goimard et Roland Stragliatti (*La Grande anthologie du fantastique* 7), Paris : Pocket, 1977 (1466).
— dans *La Grande Anthologie du fantastique* 1, éd. Jacques Goimard et Roland Stragliatti, Paris : Presses de la Cité, 1996 (« Omnibus »).
« Histoire de la poudre blanche », trad. Jacques Parsons, dans *Histoires de maléfices*, éd. Jacques Goimard et Roland Stragliatti (*La Grande anthologie du fantastique* 9), Paris : Pocket, 1981 (2012).
— dans *La Grande Anthologie du fantastique* 3, éd. Jacques Goimard et Roland Stragliatti, Paris : Presses de la Cité, 1997 (« Omnibus »).
« Le Cachet noir », trad. Jacques Parsons, dans *Les Savants fous*, éd. Gwenhaël Ponneau, Paris : Presses de la Cité, 1994 (« Omnibus »).
« Substitution », trad. Norbert Gaulard, *Le Visage vert* n° 3, juin 1997.

La Vie de Paul-Jean Toulet d'Henri Martineau (Paris : Le Divan, 1957) contient des lettres d'Arthur Machen.

Chapitre IV

Ivan Efremov

ou

La Nébuleuse d'Andromède

Chapitre IV
Ivan Efremov
ou
La Nébuleuse d'Andromède

Le texte d'Efremov, cité dans le chapitre qui lui est consacré, est tiré du *Nouveau Planète*, n° 5, p. 150.
Il a été traduit du russe dans cette revue avec l'autorisation de l'auteur.

Il est rare que l'on laisse publier en Union soviétique un ouvrage uniquement consacré à l'analyse critique et enthousiaste du livre d'un seul écrivain.
   Tel est pourtant le cas de l'ouvrage de E. Brandis et V. Dmitrievsky publié en 1963 et intitulé *Par-dessus les montagnes du temps*.
   Cet ouvrage est exclusivement consacré à l'œuvre du professeur Ivan Antonovitch Efremov. Cette œuvre a eu un retentissement mondial et des traductions en diverses langues. C'est surtout le grand roman d'Efremov, *La Nébuleuse d'Andromède*, qui a eu cet énorme succès, mais le reste de l'œuvre d'Efremov n'en mérite pas moins l'attention.
   Efremov est un scientifique parfaitement authentique : géologue et paléontologue. C'est également un homme d'une immense culture et d'une prodigieuse imagination.
   Cette imagination est toujours axée sur le réel. C'est ainsi que dans une de ses premières nouvelles, *Le Tube aux diamants*, parue en 1944, Efremov prédisait la découverte des diamants sibériens. Cette découverte s'est effectivement produite. La nouvelle était fondée sur des déductions exactes et peu d'années après sa publication, des géologues qui l'avaient lue ont déposé sur le bureau d'Efremov — le bureau même sur lequel il avait écrit *Le Tube aux diamants* — des diamants bruts provenant de la Sibérie.
   C'est un de ces cas très rares où un auteur de science-fiction peut étendre la main et toucher ce qu'il avait prédit.
   Cela encouragera l'auteur à continuer. Entre 1944 et 1950, il a écrit un certain nombre de nouvelles « classiques » de science-fiction et, en particulier, *Une rencontre au-dessus de Tuscarora*[64] : découverte dans les profondeurs de l'océan d'une eau miraculeuse, guérissant les blessures et promettant peut-être une vie éternelle. Cette découverte rejoint un travail scientifique bien réel, celui du professeur Deriaguine, qui a isolé dans l'eau ordinaire des traces d'une autre eau, qui n'est pas l'eau lourde mais un nouvel arrangement moléculaire de l'eau ordinaire, et qui a des propriétés tout à fait étonnantes. Efremov a dû penser cependant non point à la découverte de Deriaguine, mais à toutes les légendes des fontaines miraculeuses et notamment à la fontaine de la vie éternelle qu'un explorateur espagnol, Ponce de León, pensait avoir découverte en Floride.

Les autres nouvelles de la même époque comportent, en particulier, *Le Lac des esprits de la montagne*[65] : un lac maudit, où l'on voit des lumières étranges et où l'on meurt d'une maladie inexpliquée. La science moderne éclaire le mystère, en expliquant que, dans une caverne au-delà du lac, se trouve un gisement de mercure liquide dont les vapeurs extrêmement toxiques deviennent lumineuses sous l'effet de l'électricité atmosphérique.

— *Olgoï-Horgoï !*[66]: survie d'un monstre préhistorique en Mongolie intérieure[67].

— *L'Ombre du passé*[68] : une photographie directe du passé sur de l'asphalte nous rend visible des scènes très anciennes.

Toutes ces nouvelles auraient pu être écrites par Jules Verne ou Conan Doyle. Elles s'en rapprochent par les thèmes, les personnages, l'atmosphère générale d'exploration de l'inconnu et de l'aventure. La Sibérie et l'Asie centrale y remplacent les terrains de chasse habituels des héros de Jules Verne et de Conan Doyle.

Puis Efremov commença à s'écarter du classicisme et à rejoindre les thèmes de la science-fiction moderne avec *Les vaisseaux stellaires*[69].

Les vaisseaux stellaires ne sont pas des astronefs mais les galaxies elles-mêmes. Celles-ci constituent un gaz qui s'agite dans l'espace et dont les galaxies individuelles constituent les molécules. Il peut y avoir collision de galaxies et, durant ces collisions, lentes à notre échelle, presque instantanées à l'échelle de l'univers, une planète d'un autre soleil situé dans une autre galaxie peut se rapprocher suffisamment de la nôtre pour que les habitants aient visité la Terre. Les personnages de la nouvelle découvrent des traces de cette visite : un animal préhistorique dont le crâne a été troué par une balle ou un rayon, un miroir qui se souvient et dans lequel on peut entrevoir, lorsqu'on a actionné le mécanisme, le visage des autres êtres intelligents qui ont visité notre planète il y a plusieurs dizaines de millions d'années.

Dans cette première nouvelle « moderne », Efremov donnait déjà sa mesure. Le thème est très original, fondé sur des idées scientifiques très avancées.

L'écriture est pleine de poésie et, dès l'époque, on aurait pu écrire (et je l'ai fait) qu'Efremov allait devenir un grand écrivain de science-fiction.

Cependant, rien ne laissait prévoir l'extraordinaire génie qui allait se manifester dans *La Nébuleuse d'Andromède*, qui commença à paraître dans la revue *Teknika Molodeji : Technique pour la jeunesse* en 1957. Avant que la publication ne soit terminée, le « bip-bip-bip » du premier satellite artificiel soviétique se faisait entendre dans les radios du monde entier et l'auteur, dans l'édition en volume, raccourcissait de trois mille ans la distance temporelle séparant son futur du nôtre.

Ce futur d'Efremov fit hurler de rage certains communistes orthodoxes. Le *Journal économique* consacra au livre un article injurieux. Car dans ce futur, on n'entendait plus parler du tout de Marx, de Lénine et de Staline. Par contre, on se souvenait parfaitement des dieux grecs : Mars, Vénus, Zeus… Mais l'enthousiasme du public balaya les objections. Car le monde d'Efremov est prodigieux. C'est un monde où le bonheur humain compte plus que tout. A la place du gouvernement, il y a une « académie du bonheur » qui, par tous les moyens scientifiques, essaie d'assurer pour les hommes une vie meilleure, une vie qui contienne plus de bonheur.

Dans le monde d'Efremov, l'humanité n'est plus seule. Les radio-télescopes ont permis de capter les messages des autres êtres intelligents et l'humanité fait désormais partie du Grand Anneau qui, grâce aux ondes de radio, réunit toutes les intelligences.

Les astronefs des terriens parcourent déjà l'espace entre les étoiles. Mais cela ne suffit pas : on étudie le moyen de faire une percée à travers la structure de l'espace-temps et franchir instantanément les abîmes qui nous séparent des autres galaxies.

Cette humanité future dispose de sciences plus avancées que la nôtre *et qui sont décrites en détail,* ce que les auteurs de science-fiction sont généralement incapables de faire, faute de connaissances. Les nouvelles mathématiques, la nouvelle physique, la nouvelle biologie et même la nouvelle psychologie et la nouvelle sociologie sont exposées comme si l'auteur venait du futur. Bien entendu, le vocabulaire du XXe siècle est insuffisant et l'ouvrage est suivi d'un dictionnaire des termes nouveaux. C'est une entreprise sans précédent mais qui tient parfaitement. Le monde d'Efremov n'est pas une utopie. Il a été bâti par des hommes et des femmes pareils à nous et qui continuent à lutter et à souffrir. Leurs responsabilités sont terribles : les premières expériences de la courbure de l'espace-temps consomment pendant quelque temps toute la puissance énergétique de la planète et provoquent des catastrophes. Les responsables souffrent mais continueront. Le livre donne envie de vivre, donne envie d'espérer. Il provoqua un enthousiasme fantastique. Pour recevoir le feuilleton de *Technique pour la jeunesse,* il fallait s'abonner, ce qui se fait en U.R.S.S. uniquement dans un bureau de poste et au début de l'année. Dès quatre heures du matin, même dans la nuit glacée de Sibérie, la jeunesse soviétique faisait la queue pour être sûre d'avoir la suite de *La Nébuleuse d'Andromède.*

L'ouvrage fut traduit dans toutes les langues avec le même enthousiasme. Aussi bien la terre de la société sans classe que le monde interstellaire plein d'amis et d'aventures que décrivait Efremov ont allumé une flamme qui n'est pas prête de s'éteindre.

Youri Gagarine m'a raconté que c'est la lecture de *La Nébuleuse d'Andromède* qui l'a poussé à devenir astronaute. Quatre ans à peine après avoir lu *La Nébuleuse d'Andromède,* il fut le premier homme à tourner autour de la Terre dans l'espace. En revenant, il déclarait tout devoir à Jules Verne et à Efremov.

Je n'ai jamais pu comprendre — ou plutôt je crois trop bien comprendre — pourquoi *La Nébuleuse d'Andromède* n'a jamais eu le prix Nobel. Je pense qu'en couronnant *Le Docteur Jivago,* le jury du Nobel a voulu délibérément injurier le peuple soviétique et le gouvernement soviétique en récompensant un livre qui fait l'éloge de la lâcheté et qui représente la révolution de 1917 comme une pagaille sans nom.

En décernant le prix à *La Nébuleuse d'Andromède,* le jury du Nobel se serait honoré lui-même et aurait salué l'espoir de l'humanité. Mais il ne semble pas qu'il en soit ainsi.

Cependant, *La Nébuleuse d'Andromède* n'a pas besoin d'un Nobel. Son tirage a dépassé celui d'une dizaine de Nobel réunis et le public mondial demanda des suites. L'une de ces suites, *Cor Serpentis,* c'est-à-dire la constellation du cœur du serpent, est déjà parue. Une autre, *L'Heure du Taureau,* est en cours de publication dans *Technique pour la jeunesse.*

Cor Serpentis se passe quelques centaines d'années après *La Nébuleuse d'Andromède.* L'hyper-espace a été maîtrisé et des « astronefs à impulsion » se déplacent à une vitesse apparente de plusieurs milliers de fois celle de la lumière. Cela ne viole cependant pas la relativité, l'astronef passant d'un point à un autre sans franchir les points intermédiaires, tout comme les électrons sautent d'un niveau à l'autre dans l'atome. Ce n'est pas nouveau dans la science-fiction, mais c'est particulièrement bien expliqué. Le sujet principal du récit est la première rencontre face à face avec les autres intelligences, l'une des civilisations faisant partie du Grand Anneau des civilisations galactiques. Ces êtres — on serait tenté d'écrire ces dieux, mais le terme ne plairait certainement pas à Efremov, les terriens les rencontrent finalement face à face. Mais cette rencontre a lieu des deux côtés d'une épaisse paroi en plastique transparent. Car les autres sont tels que leur souffle seul mettrait feu à un humain terrestre. Leur corps, qui pourtant ressemble au nôtre, est à base de fluor et non pas de carbone. Leur souffle est composé de fluor et d'acide fluorhydrique et, à son contact, un être vivant terrestre prendrait feu. Efremov en profite en passant pour se moquer un peu de l'hystérie guerrière dans la science-fiction américaine. Avant de rencontrer les extra-terrestres, l'équipage venu de la Terre discute de la nouvelle de Murray Leinster, *Premier Contact*, qui mentionne le danger des guerres entre deux civilisations différentes et la réfute. Je serais curieux, à ce propos, de savoir ce que pense Efremov du conflit russo-chinois.

Je ne peux guère le lui demander. En tout cas, sa vision est très étonnante, très belle. A la fin, il laisse un espoir de découvertes biologiques permettant de transformer un vivant à base de fluor en un vivant à base de carbone ou inversement.

Alors, il pourra y avoir un contact réel avec poignée de main et échange d'objet et non pas seulement à travers une paroi de protection. Lorsque l'astronef reviendra pour annoncer sur la Terre la prodigieuse découverte, sept siècles se seront écoulés. D'après sa relativité, un voyage dans l'espace à grande vitesse est aussi nécessairement un voyage dans le temps. Les voyageurs de l'astronef terrestre comme ceux de l'astronef provenant de *Cor Serpentis* ont sacrifié délibérément leurs contacts humains, leurs amis et leurs familles pour le bien de l'humanité. Les hommes du futur les en remercieront quand ils reviendront.

Mais ils ne reverront jamais leurs amis de l'autre astronef, car des millénaires du temps planétaire s'écouleront avant qu'une nouvelle rencontre ait lieu. Et ce récit de victoire cosmique se termine donc sur une note de tristesse poignante.

Le troisième épisode de la série, *L'Heure du Taureau*, n'est pas encore complet au moment où j'écris ces lignes et paraît d'ailleurs en version abrégée. Il se passe à une époque encore plus avancée où des milliards de galaxies ont été atteintes et commencent à être explorées par les astronefs à impulsions.

L'humanité a pris pied dans le cosmos et elle y vivra éternellement. Elle y rencontrera des êtres qui ressemblent à des hommes et aussi des êtres tout à fait différents.

Entre *Cor Serpentis* et *L'Heure du Taureau*, Efremov a écrit un livre surprenant : *Le Fil du rasoir*. Cette fois-ci, l'action se passe à notre époque et il s'agit non plus des extra-terrestres mais des pouvoirs inconnus de l'homme.

Le héros, médecin à l'heure stalinienne, se découvre d'abord des pouvoirs de guérisseur, puis des pouvoirs lui permettant de contrôler les autres êtres humains (un développement de ce qu'on appelle l'effet charismatique) et finalement arrive à éveiller chez certains sujets la mémoire raciale, le souvenir non pas de ce qu'ils ont vécu mais de ce que leurs ancêtres ont vécu. Des résultats de ce genre ont été effectivement obtenus par Charcot, mais ils sont extrêmement discutés. Il faut d'ailleurs dire que Charcot vivait avant la découverte du code génétique et que cette découverte ne rend finalement pas impossible l'idée que ce code génétique, dont les signaux proviennent du lointain passé, transportent aussi des souvenirs de nos ancêtres.

Le personnage du *Fil du rasoir* a évidemment les pires ennuis à l'heure stalinienne et quelques ennuis moins graves par la suite. Il finira par quitter l'U.R.S.S. pour aller fonder aux Indes un institut où l'application de la dialectique marxiste à la science fera alliance avec la magie tantrique. Puisse cette bonne idée se réaliser un jour : ce serait réellement *le Matin des magiciens*.

Le philosophe américain William James a écrit que, même dans le domaine intellectuel, il faut distinguer entre les « durs » et les « mous ». En général, l'Occident est dur et l'Orient est mou et il serait intéressant de faire une alliance entre les deux. En attendant, espérons que les durs en U.R.S.S. ne feront pas d'ennuis à Efremov.

Ce qu'il y a d'intéressant dans l'œuvre d'Efremov, c'est à la fois l'humanisme fantastique et un esprit extrêmement précis. Sa civilisation future est extrêmement solide. On lui a reproché en U.R.S.S. de n'être pas assez communiste, d'être pour une civilisation où les buts et les moyens ont tellement changé qu'on ne parle plus guère du communisme.

À cette objection, il y a deux réponses :

— Efremov rend chaque fois qu'il peut hommage aux pionniers du communisme et annonce que le communisme triomphera sur toute la terre avant de passer à la société sans classes.

— Les meilleurs théoriciens du communisme et Lénine le tout premier annoncent que la société sans classe, après la fin de l'État et la disparition de tout appareil policier, sera très différente de la société actuelle qui, pour Lénine, était un pré-socialisme. À un autre moment de sa pensée, Lénine définit le communisme soviétique comme étant les soviets plus l'électrification. Dans ces conditions, n'est-il pas permis de se demander ce que seraient les soviets plus l'énergie nucléaire, plus l'exploration de l'espace, plus le voyage interstellaire, plus surtout le contact intellectuel avec d'autres civilisations. Lénine lui-même a déclaré à plusieurs reprises que le contact avec d'autres civilisations changerait absolument tout, produirait des révolutions, plus importantes même que 1917.

Or, ce contact, Efremov le postule dès *La Nébuleuse d'Andromède* : le contact par radio avec les civilisations galactiques interconnectées du Grand Anneau.

Depuis, les savants les plus avancés se sont rangés aux idées d'Efremov. Le grand astrophysicien anglais Fred Hoyle a déclaré assez récemment dans les leçons professées à l'Université de Columbia que, grâce à la radio-astronomie, l'humanité pourrait très prochainement « obtenir son inscription dans l'annuaire de téléphone galactique et accéder ainsi à une masse de connaissances, à un volume d'informations beaucoup plus grand que tout ce que la science a pu nous donner jusqu'à présent. » D'autres savants sont de cet avis et beaucoup d'entre eux pensent que le grand intérêt de la conquête de la Lune, c'est l'installation sur l'autre face de la Lune des puissants radio-télescopes qui, sans être troublés par les parasites venant de la Terre, pourraient capter des messages venant d'ailleurs. Certains astronomes soviétiques, et non des moindres, parlent même dans des communications scientifiques de « capter les messages du Grand Anneau ».

D'autres astronomes pensent que les mystérieux Pulsars, ces radio-sources qui paraissent artificiels dans le ciel, seraient les messages du Grand Anneau d'Efremov.

Lorsque le premier contact aura été pris, on se souviendra certainement de *La Nébuleuse d'Andromède*.

Les idées sociales d'Efremov sont aussi valables que ses idées scientifiques. Il essaie d'imaginer une société faite pour l'homme et qui recherche le bonheur humain non pas empiriquement, mais avec toutes les ressources de la science. Saint-Just avait écrit : « Le bonheur est une idée nouvelle en Europe. » En le parodiant, on pourrait presque écrire que « le bonheur est une idée nouvelle en science-fiction ». La société d'Efremov conseille, aide, mais n'impose pas. Cela est rendu possible par l'abondance qui règne, par les progrès de la psychologie et de la sociologie et surtout par la mise au point des méthodes mathématiques applicables aux sciences humaines.

Un Occidental reprocherait à Efremov l'absence d'angoisse et de ce qu'on appelle la vie spirituelle.

En ce qui concerne l'angoisse, on peut très bien imaginer que quelques milliers d'années de progrès en chimie pharmaceutique ont fini par aboutir à des remèdes guérissant cette maladie. Déjà, de nos jours, les travaux du docteur Jacques Ménétrier montrent ce qui peut être fait dans ce domaine.

En ce qui concerne la vie spirituelle, je pense qu'à un niveau supérieur et sans religion formelle, elle est plus que jamais présente chez Efremov.

Chez lui, c'est surtout l'esprit qui compte par-delà la forme matérielle. Les autres de *Cor Serpentis*, qui respirent un gaz mortel pour nous et se baignent dans des océans où l'or lui-même se dissoudrait instantanément, sont nos frères par l'esprit et par le cœur.

La première question que les terrestres leur posent est : « L'amour existe-t-il chez vous ? » Un couple des Autres se tenant par la main par-delà la barrière transparente donne une réponse positive. Il s'est trouvé évidemment des gens, en U.R.S.S. surtout, pour traiter Efremov de romantique. A leur point de vue, le terme était une insulte mais il ne me paraît pas être une insulte pas plus que le terme également jeté à la figure d'Efremov « idéaliste ». Et il est assez naturel, quand on y réfléchit, que, dans le grand monde interstellaire puis intergalactique d'Efremov, les noms de Marx, d'Engels, de Lénine et de Staline aient été à jamais oubliés alors qu'on dit encore d'une femme : « Elle est belle comme Vénus ».

Dans l'ensemble, les personnages d'Efremov sont plus heureux que nous. Ce qui ne les empêche pas de souffrir, ce qui ne les empêche pas de courir parfois de terribles dangers. Ceux d'entre eux qui ne peuvent pas supporter cette fuite constante en avant ont des refuges où ils peuvent vivre la vie de la nature sans participer. Les autres habitants de la Terre trouvent cela parfaitement naturel. Mais d'autres humains encore trouvent leur bonheur dans la fuite en avant. L'un des personnages de *Cor Serpentis*, Taï Eron, réfléchit un jour aux hommes et aux femmes qui, dans le passé, ont participé aux grandes catastrophes, aux guerres, aux révolutions. Il pense que, malgré tout le tragique de leur situation, le fait d'être décrochés, de n'avoir plus de responsabilités, de n'avoir plus de passé, leur donnait une immense joie. Et Taï Eron pense que le fait d'être parti dans les étoiles et dans le futur, le fait de revenir dans sept siècles à une époque où il ne restera plus nulle trace de ces problèmes personnels, le rend libre comme aucun homme ne l'a jamais été. Et il écrira dans son journal : « En avant, toujours en avant. »

Il reviendra sur terre avec la description fournie par les habitants eux-mêmes pendant la rencontre entre les deux astronefs de la planète de *Cor Serpentis* dont l'atmosphère est composée de fluor qui tourne sur elle-même en quatorze heures terrestres et qui parcourt son orbite autour d'un soleil plus bleu que le nôtre en neuf cent jours terrestres.

Et les Autres emporteront les images de la Terre, des océans pleins de ce liquide si rare chez eux, l'eau, des récifs de corail que l'atmosphère de fluor aurait dévoré, des forêts qui s'enflammeraient au contact du fluor. Beaucoup d'informations auront été échangées mais d'autres n'auront pas pu l'être à cause de l'infériorité de la science terrienne. Les Autres possèdent des moyens de communication instantanés à travers des milliers d'années-lumières entre leurs astronefs. Quelque chose d'autre que la lumière et la radio, quelque chose d'autre que la science terrestre n'a pas pu apprendre, même à travers les messages par radio venant du Grand Anneau.

Mais en guise de cadeau, les Terriens emporteront une carte à trois dimensions de l'univers connu, avec les planètes à atmosphères d'oxygène marquées par un signe représentant l'oxygène.

Ainsi ce n'est pas par une guerre des mondes mais par un échange d'information sur le cosmos que se serait traduite la première rencontre face à face. Les Autres qui nous sont supérieurs en science sont au moins nos égaux et peut-être nos supérieurs en morale.

Ainsi l'œuvre d'Efremov se sépare-t-elle de « l'opéra de l'espace » de la science-fiction classique.

L'ensemble de l'œuvre d'Efremov contient également des œuvres se passant dans un passé lointain, en particulier du temps où le Sahara était encore vivant, des œuvres contemporaines comme *Le Fil du rasoir* dont j'ai déjà parlé, et des œuvres purement réalistes.

Il prépare actuellement un grand traité de paléontologie et ensuite il s'occupera de l'édition en volumes de la version intégrale de *L'Heure du Taureau*. Il prépare également un autre roman fantastique, *La Dernière Aube*.

Efremov ne se cache pas les dangers qui nous menacent encore. Il ne tombe pas dans un optimisme béat. Ces explorateurs rencontrent dans l'espace des planètes qui ont été entièrement détruites, soit par la guerre thermonucléaire, soit par l'abus de l'énergie atomique pacifique et les retombées radio-actives qui s'en sont ensuivies.

Ces planètes servent d'avertissement. Efremov n'exclut pas du tout la possibilité que nous subissions le même sort. Pour terminer, voici ce que lui-même pense de son œuvre :

« On me demande de parler de mon expérience d'écrivain, de certaines particularités de la science-fiction, genre dans lequel j'exerce mes talents. J'essaierai de le faire en m'appuyant sur quelques exemples concrets, touchant principalement *La Nébuleuse d'Andromède*.

Pour écrire ce roman dans lequel j'ai tenté de représenter les hommes de l'avenir tout en mettant l'accent sur une série de problèmes scientifiques et sociaux, j'eus à surmonter bien des difficultés. La majeure partie des difficultés, selon moi, viennent du caractère spécifique du roman d'anticipation.

Mais pour commencer, quelques mots sur la façon dont je suis devenu un écrivain de science-fiction.

On vient à la littérature par différents chemins. Les poètes, me semble-t-il, sont attirés avant tout par la force et le pouvoir évocateur du mot, son côté figuratif, musical. Les auteurs de théâtre et les romanciers, vraisemblablement, sont amenés à la littérature par le désir de fixer la psychologie, la physionomie morale de l'homme, des caractères intéressants, des situations difficiles, des conflits constatés dans la vie réelle...

Quant à moi, c'est un tout autre « ressort intérieur » qui m'a poussé vers la littérature. Mon ressort, ce fut la science, les problèmes, les hypothèses scientifiques qui me préoccupaient. Il existe ce qu'on appelle « l'intuition du savant ». Vous êtes un homme de science. Un problème vous préoccupe, auquel vous pensez constamment. Vous finissez par trouver la clef de l'énigme, l'explication de ce qui vous intriguait. Mais il faut encore trouver des arguments, des faits pour prouver tout cela. A ce moment-là, parti du sommet, vous revenez en arrière, à votre point de départ. Mais il arrive que les faits manquent, lorsqu'il s'agit de démontrer, et vous ne pouvez pas décrire exactement l'itinéraire de votre pensée. Dans ce cas, il ne vous reste plus qu'à mettre votre hypothèse de côté, à la laisser « mijoter », dans l'espoir que les faits manquants finiront par être trouvés.

C'est justement la conscience de mon impuissance de chercheur scientifique, en de pareils moments, qui me conduisit à la pensée qu'un auteur de science-fiction possède, lui, toute une série d'avantages. quand une idée illumine son cerveau, il peut écrire un récit ou un roman, en présentant l'hypothèse la plus hardie comme une réalité existante. L'idée d'exposer et d'affirmer une idée qui m'était chère, voilà le « ressort intérieur » qui me mena à la création littéraire. *Cinq rhumbs*, mon premier recueil de récits de science-fiction, de « récits insolites » comme l'indiquait le sous-titre, fut écrit à la fin de la guerre.

A la base de ces récits, je plaçai une série d'hypothèses qui m'intéressaient en tant que scientifiques. Par exemple, le récit *Le Tube aux diamants*. Pour moi, il était parfaitement clair que les structures des plateaux d'Afrique du Sud et de Sibérie centrale sont identiques, que même les fractures géologiques de la croûte terrestre en ces régions présentent les mêmes caractères. Par conséquent, s'il y avait des gisements de kimberlite en Afrique du Sud, il y en avait, il devait y en avoir en Sibérie. Mais prouver tout cela n'était pas de mon pouvoir bien entendu. J'en étais simplement convaincu, en tant que géologue ayant plus d'une fois prospecté ces lieux et en tant que géologue théoricien. Je tentai d'exposer tout cela dans l'un de mes premiers récits, où on voit des géologues trouver en Sibérie un riche gisement de diamants. Le récit eut l'heur de plaire aux géologues. Certains d'entre eux, par la suite, m'avouèrent qu'ils portaient le livre avec eux dans leurs sacoches, ayant été séduits par l'idée même du récit. Quelques années plus tard, un ami géologue vint un jour me voir et posa sur ma table de travail (sur laquelle j'avais rédigé ce récit) quelques diamants trouvés dans des circonstances presque identiques à celles que j'avais décrites. Un fait analogue se produisit quand de récentes découvertes confirmèrent mon hypothèse (récit *Le Mont sublunaire*[70]) sur les dessins d'hommes des cavernes trouvés dans le centre de la Sibérie et représentant des animaux préhistoriques des latitudes tropicales.

Je ne veux pas du tout dire que je possède un don surnaturel de « divination ». Je voudrais simplement faire mieux comprendre que c'est justement la poésie de la science, le romantisme des recherches scientifiques hardies qui me guidèrent dans mes premiers essais littéraires.

L'idée de vols humains dans le cosmos, dans d'autres galaxies, m'avait intéressé bien avant que le premier spoutnik soviétique soit sur orbite, montrant au monde la réalité du vieux rêve des voyages dans d'autres mondes et d'autres planètes. Cependant, cette idée prit des contours plus réels, il y a à peu près dix ans. Je lus alors d'affilée une vingtaine de romans de science-fiction occidentaux, américains pour la plupart. À la suite de cela, le désir me vint précis et impératif de donner ma propre conception, ma propre vision du monde futur.

De la sorte, ce sont des motifs purement polémiques qui m'ont amené à réaliser un dessein de longue date. À toute cette littérature imprégnée du thème de la fin de l'humanité après une guerre des mondes dévastatrice, je voulais opposer l'idée de « contact amical » entre des civilisations cosmiques différentes. C'est ainsi que naquit et mûrit le thème du *Grand Anneau* (c'est le titre que je voulais donner à mon roman). Mais à mesure que mon livre avançait, l'homme de l'avenir devenait le sujet principal. Je compris que je ne pourrais pas jeter un pont vers les autres galaxies tant que je ne comprendrais pas ce que sera l'homme de demain sur la Terre, quelles seront ses pensées, ses désirs, ses idéaux.

Mes réflexions sur le caractère de l'homme de l'avenir se portaient dans deux directions. Il fallait me faire une idée de sa personne morale et de sa personne physique. Il m'était plus facile de me représenter son aspect extérieur. Je partais du physique de l'homme d'aujourd'hui. Je me représentais les habitants de notre région maritime du nord, de la Sibérie, les Scandinaves, tous ceux que leurs conditions mêmes de vie mettent à rude école, aguerrissent, rendent forts, hardis, décidés. J'avais l'impression que l'homme de l'avenir pris par un intensif travail nécessaire à la société devrait être encore plus fort, plus grand, plus beau.

Quand j'en venais à son monde intérieur, là, les choses se compliquaient. Bien sûr, je me disais que l'homme de l'avenir devrait être volontaire, hardi, décidé, tout en ignorant totalement la forfanterie, la grossièreté, le dérèglement moral, traits de caractères qui, aujourd'hui encore, sont « honorés » par certaines personnes douées de force physique. Dans la société communiste, toute grossièreté sera un phénomène antisocial, l'intrépidité et la bravoure ne dégénéreront pas en folle témérité et en inconscience.

Et, bien entendu, la vie des hommes de cette époque sera remplie à ras bord : ils seront constamment occupés à des travaux intéressants, à diverses activités intellectuelles et manuelles. Ils seront délivrés de l'oisiveté, de la honteuse obligation de tuer le temps. Au contraire, le temps leur manquera terriblement.

Bref, j'avais devant moi tout un ensemble de délicats problèmes humains des héros de mon roman. Pour que mes personnages ne fassent pas l'effet d'ennuyeux raisonneurs, il fallait qu'ils soient pris par quelque chose de véritable qui soit digne des hommes de la société communiste. Le plus logique, semblait-il, était de diriger leurs pensées vers les lointains mondes stellaires, d'enflammer leur âme de rêve de contacts avec des frères par l'intelligence sur d'autres galaxies...

L'homme de l'avenir sera sans aucun doute un individu harmonieux. Ce sont des problèmes sociaux principalement qui se posent d'abord. Car de l'éducation de l'homme dépend pour beaucoup la destinée de la société dans son ensemble. Les principes sains, raisonnables de la société joueront le plus grand rôle.

Quand j'écrivais *La Nébuleuse d'Andromède*, il fallait, comme on dit, que je « change de rails ». Je travaillais dans l'isolement le plus complet : je vivais seul dans une datcha des environs de Moscou, je ne voyais presque personne, j'écrivais jour après jour, sans m'arrêter. L'unique détente que je m'accordais, une stimulation dans son genre, était l'observation du ciel étoilé. Le soir et pendant la nuit, j'allais regarder les étoiles à la jumelle, chercher à l'horizon la nébuleuse d'Andromède, après quoi je me remettais au travail... Pour mener à bonne fin un roman de ce genre, il fallait non seulement que j'effectue un travail préparatoire au sens d'accumulation de données concrètes, non seulement que j'envisage soigneusement à l'avance toutes les particularités, les détails, il fallait aussi que je me trouve dans une certaine disposition d'esprit, que je fasse abstraction de la vie quotidienne pour réaliser sur le plan purement technique ce que j'avais conçu.

Quand ces conditions étaient réunies, j'arrivais mieux à trouver les détails croyables, concrets, d'une réalité illusoire. Ces détails m'aidaient à créer la sensation d'un futur vraisemblable, réel. Oui, ce sont les détails réalistes qui créent l'apparente réalité du fantastique. Ces détails me font à moi-même l'effet d'heureuses trouvailles. Quand on pense longtemps et intensivement à des choses inhabituelles, ces détails arrivent parfois comme d'eux-mêmes à l'esprit.

Dans le désert de Gobi, j'ai vu la « carapace noire » (phénomène connu encore sous le nom de « hâle désertique des roches montagneuses ») qui crée l'impression que tout, à des centaines de kilomètres à la ronde, est nappé de goudron. On avait la sensation de se trouver au royaume de la mort. Pendant que j'écrivais *La Nébuleuse d'Andromède*, arrivé au passage concernant l'aspect de la planète Zirda qui a été détruite par des radiations trop intenses, je me dis tout à coup que Zirda méritait justement un aussi lugubre revêtement. Il était préférable, naturellement, de lui donner des teintes veloutées et douces, quelque chose comme l'aspect de champs de pavots noirs. Le côté visuel de ce tableau avait une base scientifique. Je savais par des rapports spéciaux, liés à l'étude des conséquences de l'explosion atomique d'Hiroshima, que les plantes dans les conditions de radiation intenses, peuvent subir de brutales et soudaines mutations. Ainsi prit naissance sur la base d'associations visuelles et de données SCIENTIFIQUES, cette image d'une planète morte, détruite par des expériences atomiques.

Je me souviens de la période pendant laquelle j'écrivais *La Nébuleuse d'Andromède* comme d'une période de solitude, de calme absolu, d'une période où je n'avais devant moi que ma table de travail et le ciel étoilé qui semblait avancer, se rapprocher de moi.

La science-fiction est un voyage dans l'inconnu, « une randonnée dans l'inconnaissable », pour employer les termes de Maïakovski. Chaque écrivain marche en tâtonnant, cherchant la route à ses risques et périls. Le jour où je commençai à ébaucher d'une main incertaine le premier de mes « récits insolites », je ne pensais pas du tout que je deviendrais un écrivain. Mais les années passaient et une force impérieuse m'entraînait avec de plus en plus d'insistance vers ma table de travail ; alors, venant à bout de « la résistance des matériaux », j'essayai de parler aux lecteurs des hypothèses, des pensées, des rêves qui occupaient mon esprit. »

Ivan Efremov

Biobibliographie d'Ivan Efremov :

Né en 1917, d'abord marin, puis géologue et professeur de paléontologie.
Profession principale : professeur.
Profession secondaire : romancier.

Ouvrages traduits en français :

Récits, Éditions de la paix à Moscou, 1950.
La Nébuleuse d'Andromède, Éditions de la paix à Moscou, 1954.
Cor Serpentis, Éditions de la paix à Moscou, 1965.

Bibliographie actualisée :

Romans et recueils :

Récits, trad. Harold Lusternik, Moscou : Éditions en langues étrangères, s.d. (« Anticipation »).
La Nébuleuse d'Andromède, trad. Harold Lusternik, Moscou : Éditions en langues étrangères, s.d.
— Lausanne : Éditions Rencontre, 1970.
L'Heure du taureau, trad. Jacqueline Lahana, Lausanne : L'Âge d'homme, 1979 (« Outrepart », série Slavica).
L'Ombre du passé, Viry-Chatillon : Lire c'est partir, 1998.
Aux confins de l'Œcumène, trad. Harold Lusternik, Moscou, Éditions du Progrès, 1979.

Nouvelles :

« L'ombre du passé », *Fiction* , n° 53, avril 1958.

Chapitre V

John W. Campbell

ou

Le Manteau d'Æsir

Chapitre V

John W. Campbell
ou
Le Manteau d'Æsir

John Wood Campbell, à qui l'on doit la science-fiction moderne, est né à Newark, dans le New Jersey, le 8 juin 1910. Il préside, maintenant depuis plus de trente ans, aux destinées de la revue où la science-fiction moderne est née, *Analog*.

Il a lui-même écrit, sous son nom et sous un pseudonyme tiré du nom de sa femme Don A. Stuart, des romans de science-fiction classique et d'admirables contes de science-fiction moderne. Quelques-uns de ces contes se trouvent dans le recueil *Le Ciel est mort* (Denoël). La revue *Analog*, aussi bien par les éditoriaux de Campbell que par les articles, les nouvelles et les romans qu'elle publie, domine de loin la science-fiction moderne. Avant d'y arriver, parlons un peu de la vie de Campbell.

En 1928, il rentre dans la plus célèbre école d'ingénieurs du monde, le Massachusetts Institute of Technology. Il s'y rend célèbre en exécutant un professeur de chimie qui avait démontré que le fer ne pouvait être amalgamé. Devant lui et devant toute sa promotion, Campbell fabrique un amalgame de fer, à la joie générale. Ceci attire l'attention de nombreux professeurs et notamment de Norbert Wiener, qui devait plus tard créer la cybernétique. Wiener encourage Campbell à écrire de la science-fiction et lui donne un nombre considérable d'idées.

En 1930, dans le numéro de janvier de la revue *Amazing Stories*, Campbell publie sa première nouvelle : *Quand les atomes échouèrent*[71] ; il émet des prédictions, à peu près une par ligne. En particulier, il y prédit les grands ordinateurs modernes en insistant sur l'aide que ces machines devaient apporter et apportent aujourd'hui à la recherche scientifique. Il prédit également l'énergie matérielle totale, l'annihilation de la matière avec un rendement de 100 % en énergie utile.

C'est tout à fait extraordinaire comme prédiction, mais l'auteur n'a pas encore appris à écrire.

En avril 1930, la même revue publie une suite, *La Horde de métal*[72], où l'on voit apparaître la pensée artificielle et les machines intelligentes.

En été de la même année, le supplément trimestriel de la revue *Amazing Stories Quarterly* publie le premier roman de Campbell, *La Voix du vide*[73], où l'on voit l'utilisation de l'idée de vitesse de phase qui est à la base de la mécanique ondulatoire de Louis de Broglie pour réaliser des communications plus rapides que la lumière.

Après quoi Campbell s'élance dans une série de romans de science-fiction classique : *Vaut mieux être pirate*[74], *Solarite*[75], *L'Étoile noire passe*[76], *les Îles de l'espace*[77], *Les Envahisseurs venus de l'infini*[78].

La richesse d'idées dans cette série le rend populaire. Pour la première fois, on voit en science-fiction des voyages intergalactiques. Presque à chaque ligne, on trouve des idées physiques nouvelles et on compte par douzaines les physiciens modernes qui doivent leur vocation à cette série. Quatre prix Nobel au moins l'ont reconnu. Mais l'auteur ne sait toujours pas écrire. Il a quitté l'université et travaille comme ingénieur-rationalisateur. Et puis, assez brusquement, il apprend à écrire. Les premiers signes du changement se manifestent dans la nouvelle *La Dernière Évolution*, parue dans *Amazing Stories* en août 1932. On y voit, peut-être pour la première fois en littérature, la symbiose homme-machine.

Une symbiose considérée sur le plan le plus élevé, celui de la responsabilité morale et métaphysique de celui qui crée l'intelligence et de l'intelligence créée. Comme devait l'écrire plus tard dans une de ses nouvelles un des disciples de Campbell, Henry Kuttner : « Et la chair était devenue machine, et l'acier était devenu esprit. »

Campbell écrit alors une série de nouvelles d'une grande beauté, dont nous reparlerons, et qui constituent l'essentiel de son œuvre. Personne n'en veut.

Il continue à écrire de la science-fiction classique et son roman, *La Plus Puissante Machine*[79] (paru en français chez Gallimard), paraît dans une revue qui n'a que trois ans à l'époque, *Astounding science-fiction*, qui deviendra plus tard *Analog*. La même revue acceptera, sous le pseudonyme de Don A. Stuart, les nouvelles d'un nouveau genre de Campbell : *Cécité*[80], *Crépuscule*[81], *Nuit* [82], *Pertes par frottement*[83], *Oubli*[84], *Hors de la nuit*[8], *Le Manteau d'Æsir*[86], *La Chose d'un autre monde* [87].

Campbell continue à travailler comme ingénieur, d'abord comme directeur de recherches d'une société de fabrication de camions, puis comme directeur de fabrication pour une société produisant des instruments de mesure électronique, enfin et surtout, en 1936, comme assistant de Carleton Ellis, le grand homme des plastiques.

Ellis a battu le record du nombre des brevets d'invention en matière de chimie. Campbell devait travailler avec lui sur le célèbre *Manuel des plastiques* qu'un si grand nombre de chimistes dans le monde entier ont utilisé.

Ceci complètera ses connaissances : il était déjà assez compétent en physique et mathématiques : il y ajouta dès lors des connaissances très sérieuses en chimie.

Et, en septembre 1937, le point tournant de sa vie : on lui confie la direction d'*Astounding science-fiction* qu'il devait transformer en *Analog*[88].

Il cesse pratiquement d'écrire et se consacre à sa revue. Il y est encore.

Il a découvert et formé lui-même, par de longues discussions et par une aide personnelle, *tous* les auteurs de science-fiction américains modernes.

Dans ses éditoriaux, et dans les articles qu'il a suscités, il a exploré les frontières de la science et combattu pour la recherche libre.

Il lui est arrivé quelquefois de se tromper mais, dans l'ensemble, il a lancé toutes les grandes causes de la recherche : astronautique, physique nucléaire, parapsychologie, etc.

Campbell était tellement bien renseigné qu'en pleine guerre, en 1944, sa revue publia une description détaillée de la bombe atomique ! A force de discuter entre eux, Campbell et ses auteurs, et notamment Cleve Cartmill, avaient inventé la bombe atomique et l'avaient décrite dans le plus grand détail !

L'écrivain de science-fiction Murray Leinster, qui était à l'époque conseiller secret de la marine américaine pour les inventions ultra-spéciales, a raconté d'une façon très brillante comment on le convoqua : on lui tendit le numéro de *Astounding science-fiction* contenant la nouvelle de Cartmill et on lui demanda : « Croyez-vous que cela puisse être une fuite ? »

« Mes cheveux, écrit Leinster, se dressèrent sur ma tête pendant qu'une sueur froide commençait à me descendre dans le dos. »

Leinster expliqua à la police secrète et au contre-espionnage qu'il ne pouvait s'agir d'une fuite et que Campbell et compagnie avaient tout simplement inventé la bombe atomique en partant des mêmes données que les savants. Seulement, comme ils n'avaient pas à la construire, ils étaient allés plus vite... Là-dessus s'engagea un débat qui devait monter au niveau présidentiel. Fallait-il fermer immédiatement *Astounding science-fiction* et enfermer Campbell et sa bande dans un cachot profond avant que tous les secrets scientifiques des États-Unis ne fussent révélés ?

On décida finalement que si on arrêtait la publication de la revue on donnerait l'alarme aux services secrets allemands et japonais.

On rappela donc les G-men qui avaient déjà envahi les bureaux de la revue et qui interrogeaient tout le monde de cette façon particulièrement intelligente qu'ont les polices, en demandant au secrétariat si on avait vu Cartmill avec des ozalids et s'il avait l'air d'être un espion.

(Que l'on me permette à ce propos d'évoquer un petit souvenir personnel : une perquisition par la police de Pétain à Toulouse. Elle découvre un microscope binoculaire. « Qu'est-ce que c'est ? » demande le policier. « Un microscope » répond le propriétaire. Et le policier de s'écrier : « Chef, chef, venez vite, il a un appareil pour écouter à travers les cloisons. »)

Pendant ce temps-là, la revue causait un autre drame que le F.B.I. ne pouvait pas connaître. Werner von Braun, qui ne pouvait pas vivre sans cette revue, en avait fait venir des exemplaires via Stockholm dans son laboratoire de Peenemünde où il fabriquait des V-2. Quelqu'un l'avait justement dénoncé à la Gestapo à qui on avait fait un rapport disant que von Braun aurait déclaré : « Hitler peut crever, ce qui m'intéresse c'est la conquête de la Lune ! » La Gestapo perquisitionna donc chez von Braun, découvrit les numéros de *Astounding science-fiction* et traita immédiatement von Braun d'espion judéo-américain. Il fallut l'intervention directe de Himmler pour le faire relâcher.

Si Himmler et le F.B.I. avaient été en communication, ils auraient sans nul doute bouclé tous ces auteurs subversifs et qu'on n'en parle plus...

Après la guerre, on s'est bien entendu souvenu de la prédiction de la bombe atomique. Campbell en a d'ailleurs fait d'autres et notamment la prédiction que les Russes seraient les premiers dans l'espace. C'est ce qui arriva.

Tant que les cités atomiques étaient secrètes, le gouvernement des États-Unis commanda des dizaines de milliers d'abonnements à *Astounding science-fiction*. On ne pouvait pas communiquer la liste à l'administration de la revue, car cela aurait été équivalent à la fourniture de la liste complète des savants qui y travaillaient. Mais on se préoccupa en tout cas de ne pas leur faire rater un seul exemplaire d'une revue nécessaire à leur fonctionnement intellectuel.

Après la guerre, on s'est aperçu que les auteurs de la revue avaient inventé le radar, la bombe atomique, la fusée de proximité, la pénicilline et pas mal d'autres choses.

Libérés du secret, les auteurs se mirent à inventer et on a vu décrire dans les pages augustes de la revue *Analog* des inventions réelles présentées comme des inventions possibles. Les littéraires américains détestèrent la revue qu'ils appelèrent : « Une collection de berceuses pour techniciens », ou encore : « La revue du schéma de circuit raconté. »

Mais l'influence d'*Analog* était et reste énorme. On peut s'attendre à y trouver, six mois en avance, des informations sur les dernières découvertes de la science, les dernières inventions des ingénieurs. On peut aussi s'y attendre à des plaisanteries à base scientifique qui sont fréquemment prises au sérieux pendant des mois avant que les lecteurs ne comprennent qu'*Analog* plaisantait.

Tel fut le cas lorsque Isaac Asimov, biochimiste, vulgarisateur et très grand auteur de science-fiction, annonça dans les pages augustes de la revue la découverte de la *Thiotimoline*.

La Thiotimoline, d'après Asimov, est une substance qui a un coefficient de solubilité négatif, c'est-à-dire qu'*elle se dissout dans l'eau avant que l'on ne l'y mette*. Asimov accompagnait son travail de formules, de courbes et d'une bibliographie ressemblant comme deux gouttes d'eau aux bibliographies des vraies publications scientifiques.

Les premiers à réagir furent les doctes professeurs de Harvard, membres du jury, qui étaient en train de juger la thèse du doctorat en médecine d'Asimov. Aussitôt, ils lui demandèrent, comme proposition faite par la faculté pour la deuxième partie d'une thèse, de leur parler de la Thiotimoline. Il fit un exposé brillant et fut nommé peu après chargé de cours à l'Université de Boston. Après quoi, Asimov commença à publier dans *Analog* des lettres — imaginaires — qu'il avait reçue au sujet de la Thiotimoline. Il y avait en particulier une lettre d'un professeur soviétique expliquant :

1° que la Thiotimoline n'existait pas et ne pouvait pas exister en vertu du matérialisme dialectique ;

2° que la production de la Thiotimoline en U.R.S.S. et dans les démocraties populaires avait doublé en 1956.

Il y eut aussi une lettre de l'Université d'Edimbourg annonçant que les savants écossais avaient réussi à rendre la Thiotimoline schizophrénique en lui présentant *deux* récipients pleins d'eau. Asimov rend maintenant compte tous les deux ou trois ans de ses recherches sur la Thiotimoline.

Il a en particulier annoncé qu'il a essayé, après avoir présenté la Thiotimoline à un récipient plein d'eau et obtenu un signal en provenance du futur disant qu'elle s'était bien dissoute, de ne pas mettre la Thiotimoline dans l'eau. Mais alors l'ouragan Marilyn Monroe se détourna de son chemin, arracha les toits de l'université et arrosa la Thiotimoline.

Et Asimov de conclure : « On ne peut plus douter maintenant du fait que le déluge est dû à des expériences imprudentes des Sumériens avec la Thiotimoline. »

Asimov explique aussi que les Russes ont un récipient de Thiotimoline en série avec l'arrivée du carburant dans leur fusée. Ce qui fait qu'ils ne lancent une fusée que lorsqu'ils ont un signal du futur qu'elle est réellement partie et *c'est pour cela* qu'ils n'ont jamais d'échec (C.Q.F.D.)

Et c'est ainsi qu'*Analog* en est arrivé à un état d'esprit suffisamment sain pour se moquer de soi-même. La revue n'avait d'ailleurs jamais pontifié. La réussite d'*Analog* est admirable et indiscutable. Cependant, elle fait regretter que Campbell ait cessé d'écrire, tout au moins sous le pseudonyme de Don A. Stuart. Car, sous ce pseudonyme, il a écrit des chefs-d'œuvre. le meilleur peut-être de ces chefs-d'œuvre est une série de deux longues nouvelles, non traduites en français :

— *Hors de la nuit,* parue dans *Analog* en octobre 1937 et
— *Le Manteau d'Æsir,* parue dans *Analog* en mars 1939.

Cette série se passe dans un futur assez lointain où la Terre a été conquise et gouvernée depuis quatre mille ans par des envahisseurs venus de l'espace, les Sarn. Les Sarn sont d'aspect vaguement humanoïdes, mais avec d'énormes différences, biologiques, chimiques et sociales. Ils communiquent entre eux par des micro-ondes émises par des antennes biologiques, placées sur la tête. Leur chimie est basée sur le cuivre et non sur le fer. Et surtout, ils sont une matriarchie. Ils sont gouvernés par des dictateurs de sexe féminin qui se succèdent le plus souvent par assassinat ou par coup d'État. Le règne des Sarn sur les humains est sévère mais juste. La planète des Sarn a péri depuis longtemps dans un cataclysme. Les Sarn habitent maintenant la Terre dont ils sont la race dominante comme les humains l'ont jadis été. Les humains de l'époque sont les survivants des faibles et des lâches. Ceux qui avaient du courage et la volonté de combattre sont morts en combattant les Sarn lors des guerres de conquête.

Mais l'humanité s'est régénérée et un chef humain se lève. Il s'intitule Æsir, en souvenir des dieux anciens nordiques, et il annonce qu'il représente l'humanité entière, passé et présent, morts et vivants. Il est revêtu d'un manteau noir, une espèce de projection des ténèbres qu'aucune arme ne peut traverser. Une décharge d'énergie atomique à une température d'un milliard de degrés s'enfonce dans le manteau d'Æsir et disparaît. Si Æsir ne balaie pas les Sarn tout de suite, c'est qu'il manque de pièces détachées électroniques et de matières premières. Les humains arrivent à en voler aux Sarn mais pas assez pour équiper réellement une armée.

À partir de cette situation, un drame extraordinaire, tant du point de vue des Sarn que de celui des humains, va se dérouler pour se terminer par l'expulsion des Sarn, par des moyens psychologiques plutôt que par la force brute. Cette série est un mélange extraordinaire de science-fiction fondée sur les progrès les plus récents des sciences et de la poésie, poésie d'un monde différent du nôtre, poésie du mystère qui entoure Æsir.

Le Manteau d'Æsir est finalement expliqué comme étant fondé sur les travaux que l'on avait conservés dans une bibliothèque secrète du physicien du XXe siècle P.A.M. Dirac. Dirac a montré (ce n'est plus de la science-fiction mais des travaux généralement admis) que notre univers flotte à la surface d'un océan d'énergie négative, d'un océan invisible et indétectable qui est à une température plus petite que le zéro absolu. Lorsqu'il se produit un trou, une bulle dans cet océan d'énergie négative, cette bulle devient visible dans notre univers : c'est ce qu'on appelle le Positron. Cette théorie de Dirac est maintenant démontrée et on a même réussi à agiter suffisamment l'océan des énergies négatives pour fabriquer des antiparticules : antiproton, antineutron et antideutron.

Æsir va plus loin que Dirac et arrive à agiter d'une façon rythmique l'océan des énergies négatives pour produire de l'antilumière. C'est cette antilumière noire qui constitue le manteau d'Æsir. A cette idée extraordinaire et très solidement basée au point de vue scientifique s'ajoute une parfaite description de la psychologie différente des Sarn et des portraits étonnants de vérité humaine des révolutionnaires, collaborateurs et traîtres.

La solution finale est fondée sur la psychologie et non pas sur la physique et elle est admirablement satisfaisante.

D'autres nouvelles signées Stuart sont très belles aussi ; une série de deux : *Crépuscule* et *Nuit*, deux visites à un futur très lointain où l'homme est en train de disparaître et disparaît finalement et où les machines continueront son œuvre. *Nuit*, en particulier, a une atmosphère prodigieuse, celle d'un monde où le soleil est presque éteint et il ne reste plus dans l'atmosphère qui s'est dissipée dans le cosmos que les gaz rares. Le héros après son retour à notre époque dira : « Je ne pourrai plus jamais les appeler les gaz rares. Je sais maintenant que ce sont les gaz morts. Le seul mouvement sur cette planète était le vent mort de gaz morts. »

Et il finit son récit : « Je suis revenu, mais le temps ne peut être modifié. Je devrai assumer une veillée mortuaire sur le monde des hommes, voir s'éteindre les dernières chandelles, à la fin du temps. »

On trouve aussi dans la série des Stuart une prodigieuse nouvelle : *L'Oubli*, parue dans *Analog* en juin 1937. Il s'agit d'un monde où la science a tellement avancé qu'il n'y a plus besoin des villes ou des machines. Les maîtres de l'espace et du temps, de tous les secrets de la nature, vivent dans des petites communautés pastorales. Ils ont oublié ce que nous appelons les sciences et les techniques. Ils ont oublié la génétique, l'électronique ou la physique nucléaire, de même qu'aucun homme de notre époque ne serait capable de fabriquer un grattoir en silex et de s'en servir pour écorcher un animal mort. Cependant, lorsque les terriens viennent les menacer, ces hommes de la planète de l'oubli manifestent leurs pouvoirs en manipulant la structure même de l'univers, de façon à rejeter les envahisseurs non seulement dans l'espace mais dans le passé. Les terriens reviendront sur leur planète *avant d'en être partis*, et plus jamais on n'osera déranger les vrais maîtres de l'univers qui continueront à poursuivre leurs arts et leurs sciences impossibles à imaginer sur une planète où les générateurs thermonucléaires et l'astronef interstellaire sont tellement primitifs que personne ne peut plus s'en rappeler le fonctionnement.

Campbell a attaqué le problème du temps dans une autre nouvelle de la série des Stuart : *Élimination*[89]. Des hommes découvrent un moyen de voir les avenirs multiples sur un écran de télévision, mais cela ne leur sert à rien.

La plus célèbre des nouvelles de cette série est *La chose d'un autre monde*, parue dans *Analog* en août 1938 et produite sous forme d'un film par R.K.O.[90] Il s'agit d'un visiteur venu de l'espace, trouvé congelé dans l'Antarctique et qu'on a le plus grand tort de dégeler. Car cet être, provenant d'une race qui a maîtrisé tous les secrets de la biologie cellulaire, peut prendre instantanément n'importe quelle forme, y compris la forme humaine. De plus, il est télépathe. On arrive tout de même à le détruire mais non sans peine. Campbell devait sortir encore une très grande nouvelle de la série des Stuart qui a paru dans la revue *Unknown* en octobre 1939. Elle s'appelle *Les dieux anciens* et montre comment l'homme en viendra à créer lui-même les dieux dont il a tant rêvé.

Puis, en 1954, pour une anthologie de nouvelles inédites, il écrivit sous son propre nom un conte combinant les meilleures qualités de Campbell et de Stuart : *Les idéalistes*[91]. On y trouve, comme souvent chez Campbell, une idée extraordinaire fondée sur la physique. Campbell s'y penche sur les grands mystères des rayons cosmiques. Les rayons cosmiques ne sont pas, en fait, des rayons, mais des particules. Tout se passe comme si une fraction du gaz interstellaire et intergalactique qui remplit tout l'univers, bien qu'il soit très peu dense, ait été accélérée pour atteindre presque la vitesse de la lumière. Les savants se perdent en conjonctures sur le mécanisme qui a pu produire cette accélération. Aucune des théories émises n'est réellement satisfaisante. Dans *Les idéalistes*, Campbell explique les rayons cosmiques comme étant un sillage : le sillage des navires interstellaires qui accélèrent presque à la vitesse de la lumière et qui projettent devant eux les gaz cosmiques. Autour de cette idée extraordinaire, Campbell nous décrit le choc de trois cultures : une planète habitée par des humains au niveau du Moyen-Âge, la terre d'un proche avenir qui commence à envoyer des navires vers les étoiles et les maîtres du sillage : la race qui non seulement voyage entre les étoiles mais encore déplace des planètes entières à la vitesse de la lumière en laissant un énorme sillage de rayons cosmiques.

C'est une nouvelle où nous voyons des merveilles sur le plan scientifique. Mais l'idée générale — et très juste — de la nouvelle est que l'essentiel, c'est la sagesse et non les connaissances. Un prêtre de la planète du Moyen-Âge se trouve l'égal, par les qualités humaines, des maîtres du sillage, et c'est à lui qu'ils se révèlent et non pas aux Terriens.

Voici l'essentiel de l'œuvre de Campbell. Il a écrit aussi, pendant qu'il avait encore le temps d'écrire, de très nombreux romans de science-fiction classique comme par exemple *La Plus Puissante Machine* (parue chez Hachette) et deux suites : *L'Atome infini*[92] et *La Planète incroyable*[93] (inédites en français).

Mais c'est la série des « Don A. Stuart » qui fait de Campbell un grand écrivain. On n'en a malheureusement traduit en français qu'une faible partie, sous le titre : *Le Ciel est mort*. (Denoël)

Il est dommage, évidemment, que Campbell n'écrive plus, mais, dans un certain sens, on peut dire que tous les romans, que toutes les nouvelles d'*Analog*, ont été écrites par Campbell qui les a toujours retravaillées avec les auteurs et qui en a le plus souvent fourni l'idée.

L'historien de la science-fiction américaine, Sam Moskowitz, définit comme suit, en cinq points, la révolution Campbell :

1° Campbell demanda moins de naïveté, aussi bien dans le style que dans la façon de présenter les idées. Il a abouti à une science-fiction claire, intelligente, mais ressemblant plus aux bons écrivains d'il y a trente ans qu'à la nouvelle vague de 1969 ;

2° Campbell insista sur la psychologie : quel serait l'effet psychologique des changements techniques et sociaux ? Comment se modifierait le comportement dans la vie quotidienne ? Quelles seraient les situations dramatiques dans les innombrables avenirs ?

3° Campbell insista sur l'importance de la philosophie culturelle. Chaque civilisation, chaque culture est fondée sur une philosophie implicite ou explicite. Campbell insista sur le développement détaillé aussi bien des philosophies humaines que des philosophies non humaines ;

4° Campbell fit introduire dans la science-fiction les pouvoirs inconnus de l'homme : télépathie, téléportation, clairvoyance et télékinèse. Ceci élargit le cadre de la science-fiction ;

5° Campbell insista sur l'introduction de la science-fiction non seulement de la critique sociale, mais d'une critique de la religion et éventuellement une contestation.

C'est un excellent résumé de l'œuvre de Campbell en tant qu'éditeur. La science-fiction type Campbell a eu un énorme succès dans tous les pays autres que les États-Unis, capitalistes ou socialistes. De nombreux historiens de la culture américaine estiment que l'Amérique n'a réussi à exporter que deux aspects de sa culture : la science-fiction nouvelle créée par Campbell et le jazz. L'influence de Campbell ne fait qu'augmenter. Il est le seul éditeur de science-fiction dont les éditoriaux aient été réunis en volumes reliés et publiés par l'important éditeur Doubleday. Si Campbell avait seulement eu le temps de s'occuper de trois choses à la fois au lieu de deux ; la physique nucléaire et l'édition... mais on ne vit jamais que deux fois, disait James Bond.

Biobibliographie de John W. Campbell :

Né le 8 juin 1910, a fait ses études au Massachusetts Institute of Technology.
Profession principale : rédacteur en chef de la revue *Analog* et de diverses revues de science-fiction.
Professions secondaires : physicien nucléaire, romancier.

Ouvrages traduits en français :

Le Ciel est mort, Denoël, 1954.
La Plus Puissante Machine, Gallimard, 1960*.

Bibliographie actualisée :

Romans et recueils :

Le Ciel est mort, trad. Alain Glatigny, Paris : Denoël, 1954 (« Présence du futur » 6).
— trad. Alain Glatigny, Francis Valéry et Michel Deutsch, Paris : Robert Laffont, 1992 (« Ailleurs et Demain »). Idem, Le Livre de Poche n° 7227, 2000. (Ces deux éditions sont plus complètes que celle de Denoël).
La Machine suprême, trad. Jean Cathelin, Paris : Hachette, s. d. [1963] (« Le Rayon fantastique »).

Nouvelles :

« La nuit » (sous le pseudonyme de Don A. Stuart) dans *Les meilleurs récits d'Astounding Stories*, éd. Jacques Sadoul, Paris : J'ai lu, 1974 (532).
« La dernière évolution», trad. Michel Deutsch, *Fiction spécial n° 13, 1968.*

---

* N.d.E : Bergier veut parler de *La Machine Suprême* (consulter la bibliographie actualisée).

Chapitre VI

J.R.R. Tolkien

ou

Le Seigneur des Anneaux

Chapitre VI
J.R.R. Tolkien
ou
Le Seigneur des Anneaux

Il faudra probablement que le professeur J.R.R. Tolkien, d'Oxford, ait le prix Nobel pour qu'on s'aperçoive en France de la qualité extraordinaire de son œuvre et de son génie.

Pour le moment, la seule étude sur lui que je connaisse en langue française est celle du Révérend Père Bouyer de l'Oratoire. Pour fixer les idées, voilà quelques opinions : elles se rapportent toutes à son œuvre fondamentale : *Le Seigneur des anneaux*, qui comporte trois volumes :

— *La Fraternité de l'anneau* ;
— *Les Deux Tours* ;
— *Le Retour du roi*.

Trois gros volumes d'une épopée comme on n'en avait pas vu en langue anglaise depuis Spencer et la *Fairie Queen*.

Richard Hugues en dit : « Il m'est impossible de faire l'éloge de ce livre à l'aide de comparaisons, car il n'y a rien avec quoi on puisse le comparer. L'amplitude de l'imagination de l'auteur, l'art de la construction, l'éclat vivant des scènes nous emportent. »

Naomi Mitchison pense que : « C'est une espèce de super science-fiction mais c'est aussi un livre au-delà du temps et qui vivra éternellement. On le prend complètement au sérieux comme on le fait pour Malory. »

Et C. S. Lewis de renchérir : « Si l'Arioste avait égalé Tolkien par la puissance de l'invention, le sérieux héroïque lui aurait cependant manqué. Aucun monde imaginaire qui soit aussi multiple et aussi fidèle à ses propres lois intérieures n'a jamais été inventé. Aucun monde imaginaire n'est aussi désinfecté, aussi nettoyé de la moindre teinture de la psychologie personnelle de l'auteur. Il n'existe aucun monde imaginaire qui se rapproche tellement de la véritable condition humaine et qui soit par la même occasion totalement libéré de toute allégorie. Avec un sens extraordinaire des nuances, la diversité presque infinie du style et des personnages permet de faire apparaître des aspects tantôt comiques, tantôt familiers, tantôt épiques et tantôt diaboliques. »

Après avoir mis ainsi l'eau à la bouche du lecteur, il faut malheureusement lui administrer une douche froide. Il n'y a pas beaucoup d'espoir de voir traduire en français *Le Seigneur des Anneaux*[94] et, pour le moment, seul un livre pour enfants écrit par Tolkien, *The Hobbit*, a été traduit chez Stock.

Cette triste nouvelle étant annoncée, essayons d'expliquer ce dont il s'agit. Un beau jour, il y a plus de quarante ans, le professeur Tolkien décide d'inventer pour ses enfants le petit peuple de Hobbit. Que sont les Hobbit ? D'après l'auteur lui-même :

« C'est un petit peuple, à peu près la moitié de notre hauteur, plus petit que les nains barbus. Ils n'ont pas de barbe, ils sont peu magiciens, mais ils ont cependant une magie quotidienne qui leur permet de disparaître très rapidement lorsque les grosses brutes comme vous et moi arrivent en faisant un bruit de troupeau d'éléphants. Ils ont des estomacs bien gonflés. Ils aiment les couleurs vives, surtout le jaune et le vert. Ils ne portent pas de chaussures parce que leurs pieds portent des semelles de cuir naturel. Ils ont des cheveux qui frisent, des têtes sympathiques et un bon rire. Ils rient surtout après dîner et ils s'arrangent pour cela à dîner deux fois par jour. »

Autour de ces lutins, Tolkien bâtit donc d'abord et publie en 1937 un long conte de fées, *Les Hobbit*[95], réédité depuis cette date seize fois. Puis il se met à réfléchir et à imaginer un autre univers superposé au nôtre où vivent les Hobbit ; bien d'autres créatures y vivent d'ailleurs : des plantes intelligentes, des démons, des magiciens. Ce monde devient peu à peu pour Tolkien tellement réel qu'il en dessine des cartes, qu'il en imagine la chronologie, qu'il imagine non seulement les langages parlés et écrits qui y sont utilisés, mais les révolutions à travers les millénaires, et que ce monde devient pour lui totalement réel. Il décrit alors (ou il voit...) une lutte entre le bien et le mal qui se joue dans ce monde entre des pouvoirs infiniment plus grands que l'humanité qui n'a d'ailleurs aucun rôle dans cette immense aventure. La bataille se déroule autour des neuf anneaux, qui donnent la toute-puissance, mais qui, en la donnant, détruisent celui qui la porte s'il a la moindre ambition. C'est un Hobbit modeste et simple qui finira par porter l'anneau. L'anneau final, le neuvième, celui qui donne la toute-puissance.

Pendant trois énormes volumes, la lutte se poursuivra avec une imagination sans pareille dans toute la littérature que je connais.

Il faudrait évidemment un volume de mille pages pour tout citer. Je rappellerai simplement quelques-unes des images qui m'ont frappé, par exemple les cavaliers maudits qui sont des armures noires vides montées à cheval. Ils frappent avec des poignards en métal qui grandissent dans la plaie jusqu'à la mort de la victime.

La mythologie qui est à la base du *Seigneur des anneaux* est un peu la même que dans l'œuvre de C.S. Lewis. On y entend aussi parler de Numinor et Sauron la puissance du mal, l'aile noire des ténèbres semble bien être l'Eldil Tordu de la trilogie de Lewis.

Mais l'envergure est beaucoup plus grande car le monde humain qui est si important pour Lewis n'a dans *Le Seigneur des anneaux* aucune importance. On n'en parle même pas. La lutte qui se livre pour la possession, non plus du monde mais de l'univers, est tellement importante que notre monde à nous ne compte guère. On a dit plus d'une fois qu'il y avait dans *Le Seigneur des anneaux* des allégories et des allusions. Tolkien lui-même l'a démenti très énergiquement et à plusieurs reprises, notamment dans une récente interview accordée à Daphné Cassell du *New Worlds*. Il précise en particulier que le gros de son travail était terminé avant même qu'il entende parler de la bombe atomique.

Il ne s'agit ni d'une satire, ni d'une allégorie, ni d'une projection d'un monde matériel, il s'agit d'une création. C'est même tellement vrai que, dans les deux ou trois dernières années, lorsque *Le Seigneur des anneaux* a commencé à être diffusé aux États-Unis en livre de poche, les étudiants s'en sont immédiatement emparé. Des clubs d'amateurs du *Seigneur des anneaux* se sont formés. Des revues d'amateur fondées sur *Le Seigneur des anneaux* prospèrent [96]. On voit des inscriptions citant des phrases du *Seigneur des anneaux* sur le mur des universités. Un spécialiste de la littérature fantastique, Lin Carter, vient de publier chez Ballantine Books un livre sur le monde de J.R.R. Tolkien.

Ce monde commence à déborder sérieusement sur le monde réel pour ne pas dire entrer en concurrence avec celui-ci. Mais si Tolkien n'a pas voulu faire une allégorie sur l'angoisse humaine, qu'a-t-il voulu faire ? Il s'en explique dans son livre *Tree and Leaf* : il a voulu écrire un conte de fées et, pour lui, il n'y a rien de plus sérieux que les contes de fées. Dans *Tree and Leaf*, il arrache le conte de fées des mains crochues des philologues et des anthropologues et il remet à leur place ceux qui considèrent que le conte de fées est une œuvre pour enfants. Il va sans dire qu'il extermine aussi l'explication freudienne du conte de fées. Pour Tolkien, les auteurs de contes de fées sont des créateurs d'univers. Étant modeste, il ne se classe pas dans leur nombre mais il aurait dû le faire. Et c'est en tant qu'univers, un univers avec sa propre histoire, ses propres lois, sa propre structure interne et cohérente, qu'il faut envisager *Le Seigneur des anneaux*. Mais pourquoi créer des univers ? pourrait-on demander. On pourrait répondre par d'autres questions : pourquoi composer de la musique ? Pourquoi faire des mathématiques ? Et, à la limite, pourquoi vivre ?

Tolkien ne rechercha guère le succès. Lorsque la trilogie fut terminée en 1956, le prix d'achat était d'environ 75 F pour les trois volumes qui ne peuvent guère être lus séparément. Toute idée d'un succès populaire était écartée et ce n'est que par surprise que ce succès est venu dix ans après, lors de la publication en livre de poche aux États-Unis. Mais le succès chez les passionnés du fantastique est venu bien avant.

Lin Carter, l'auteur du premier livre d'ensemble sur *Le Seigneur des anneaux*, livre que j'ai mentionné plus haut, pense que *Le Seigneur des anneaux* est le plus grand ouvrage fantastique du siècle. Tel est également mon avis. Je pense aussi qu'il le restera, à moins que la suite sur laquelle travaille Tolkien travaille déjà, *The Silmarillion*, ne soit encore meilleure. Tout ce qu'on sait de cet ouvrage monumental est qu'il se passe environ *deux mille ans* avant *Le Seigneur des anneaux* dont il est pourtant la suite...

Il est bon de penser que des millions de gens ont déjà lu *Le Seigneur des anneaux* et que le petit groupe de départ qui comprenait surtout C.S. Lewis, Richard Hugues, W.H. Auden, Naomi Mitchison, Anthony Boucher et l'auteur du présent livre, n'est plus isolé. La société Tolkien comprenait deux mille membres la première année et le nombre des membres ne cesse de grandir. Elle fait partie maintenant de la culture américaine.

C'est d'ailleurs dans l'édition autorisée du *Seigneur des anneaux,* publiée aux États-Unis par Ballantine Books, que Tolkien a placé une préface inédite qui donne quelques précisions sur la façon dont le grand cycle des anneaux fut écrit. Il est intéressant, avant de parler de cette préface, de noter que cette édition de poche américaine publiée en octobre 1965 a connu vingt rééditions, la vingtième étant publiée en septembre 1968...

Tolkien indique qu'il travailla sur *Le Seigneur des anneaux* de 1936 à 1949. Il envoyait des chapitres à son fils Christopher qui était alors dans l'aviation anglaise en Afrique du Sud et qui le lisait comme un feuilleton. Ayant terminé la trilogie, Tolkien l'a repris en commençant par la fin. Ensuite, il a dû retaper le tout lui-même, n'ayant pas les moyens de payer la dactylographie de ses trois volumes. Après la parution, on lui demanda d'expliquer ses motifs et on refusa de le croire lorsqu'il expliqua qu'il n'avait ni mission ni intention. Il fut également obligé d'expliquer que la grande guerre autour des anneaux n'a rien à voir avec la Seconde Guerre mondiale. Tolkien n'a pas l'air de se soucier beaucoup de l'opinion des critiques ou des lecteurs.

Il dit lui-même : « Des critiques ont trouvé que mon livre était ennuyeux, absurde ou méprisable. Soit, mais je tiens surtout compte des critiques qui disent que le livre est trop court. »

Tolkien reconnaît aussi avoir « connu l'ombre horrible de la guerre », mais il précise que la guerre dont il est question est celle de 1914-1918.

Ce premier volume commence par une carte d'un royaume qui n'est pas de ce monde. Il se poursuit par un poème dont la signification apparaîtra au fur et à mesure que le lecteur pénètre dans le monde des anneaux :

« *Trois anneaux pour le roi des elfes sous le ciel,*
Sept anneaux pour le maître des nains dans leur salle de pierre,
Neuf pour les mortels,
Un pour le maître sombre sur son trône sombre,
Au pays de Mordor où planent les ténèbres,
Un anneau qui les commande tous, un anneau qui permet de les trouver,
Un anneau qui permet de les réunir et de les lier dans l'ombre
Au pays de Mordor où sont les ténèbres. »

Où sont donc tous ces pays ?

Dans un passé qui n'a jamais existé ou qui a existé dans un autre monde : le troisième âge de la terre moyenne. La terre moyenne se trouve entre la terre supérieure qui ressemble au ciel de nos religions et la terre inférieure qui ressemble à l'enfer de nos religions. Des chroniques datant d'avant le début de l'histoire des anneaux s'étendent sur des dizaines de millénaires. Mais après cette protohistoire, vient l'histoire : en l'an I, les Hobbits arrivent dans leur pays et pendant quinze siècles apprennent de leurs maîtres non humains les arts de construction et l'agriculture. Leurs maîtres ne leur ont jamais appris la Science, craignant probablement qu'ils ne se détruisent. Mais on rencontrera dans la chronique des êtres disposant de sciences ou de pouvoirs naturels très supérieurs à ceux que nous connaissons ou même à ceux dont l'humanité peut espérer disposer. L'auteur parle avec le sérieux d'un historien véritable du LIVRE ROUGE DES MAGES DE L'OUEST contenant le matériel sur lequel il a basé son ouvrage. Quelques extraits de ce livre sont reproduits en appendice. C'est un effort d'imagination sans précédent. Et qui a déjà attiré des gloses. C'est ainsi que P. Schuyler Miller, le critique littéraire de la revue *Analog*, relie la mythologie de Tolkien à celle de C.S. Lewis. Tolkien est en effet un ami de Lewis, mais Tolkien lui-même met en garde contre une interprétation de ses idées. Il est évidemment tentant de rapprocher Sauron, le seigneur du mal chez Tolkien, avec les autres SEIGNEURS À LA SOMBRE FACE dans la religion, la littérature et les mythes. C.G. Jung dirait probablement que c'est le même archétype. De même il est facile de voir dans les anneaux, qui donnent des pouvoirs et qui dévorent ceux qui les portent, une idée morale classique. Comme l'a dit un homme d'Etat anglais : « Le pouvoir absolu corrompt absolument » et c'est ce qui arrive au porteur des anneaux. Mais il y a là plus qu'une allégorie. Car avant tout, *Le Seigneur des anneaux* est une épopée d'aventures qui ne ressemble à aucune autre. Que l'auteur appartienne à notre civilisation et qu'il en reste quelques traces dans son œuvre, c'est certain. Mais il en reste réellement le moins possible. Le monde des anneaux n'est pas le nôtre. Il n'est ni meilleur, ni pire. Pour quelqu'un qui n'a jamais lu Tolkien, on peut le décrire comme un mélange de Lovecraft et de Dickens. Comme Lovecraft, Tolkien sait inventer des mondes inconnus. Comme Dickens, il sait créer des personnages tout près de nous, simples et à travers qui nous voyons les grands événements et comprenons les grands personnages. Son monde est à multiples prolongements, comme le monde réel. On voudrait toujours en savoir plus. On voudrait par exemple en savoir davantage sur la cité de Numinor qui était le véritable Occident et dont les navires voyageaient entre la terre et le ciel. À Numinor (dont parle également C.S. Lewis), on parlait la Grande Langue qui est le langage originel dont toutes les autres langues dérivent. À Numinor, les humains et les non humains se rencontraient librement. On voudrait en savoir davantage sur certaines races non humaines qui ne sont mentionnées qu'en passant, comme par exemple les Wargs. On voudrait en savoir davantage sur les mondes fantômes qui coexistent avec le nôtre. On voudrait en savoir davantage sur les cités construites dans le passé par les races non humaines et abandonnées. Plus les descriptions faites par Tolkien sont merveilleuses et plus on voudrait en savoir. Car son monde s'étend tellement loin qu'il est difficile de croire qu'il s'agit simplement des îles anglaises du très lointain passé avant l'Histoire. Car certains des personnages ont voyagé dans des pays tellement lointains que les constellations elles-mêmes sont différentes. La langue de Tolkien est d'une grande beauté. De plus, comme il convient à une épopée, les personnages se mettent à s'exprimer en vers, qui sont également très beaux. Souvent, ces vers ont été entendus en rêve. Dans d'autres cas, ils sont prophétiques. Ils ne sont pas, en tout cas, séparés du texte, ni placés au début des chapitres. Ils font partie intégrante de l'épopée.

Entre les vers et la prose, on trouve dans *Le Seigneur des anneaux* d'étonnantes descriptions généralement en italique et qui sont de véritables poèmes en prose.

Voici par exemple la description du premier anneau, tirée d'un document qui, même pour les personnages, est d'une antiquité au-delà de l'Histoire qu'ils connaissent :

« L'anneau était chaud lorsque je le pris et ma main fut écorchée à tel point que je me demande si cette brûlure guérira jamais. Pourtant, pendant que je suis en train d'écrire, l'anneau se refroidit et semble se contracter sans perdre toutefois sa beauté ni sa forme. Déjà, l'écriture qu'il portait, qui était au début aussi nette qu'une flamme rouge, s'efface et elle est à peine visible. Elle est en lettres employées par les elfes, car ces termes subtils sont inconnus au pays des ombres. Mais je ne connais pas ce langage. C'est probablement une langue du pays sombre. Je copie ces runes avant qu'elles ne s'effacent. Peut-être l'écriture reparaîtrait-elle si on réchauffait l'anneau. Mais je n'ose le faire. »

On peut évidemment chercher et trouver des symboles dans cette description. Mais l'auteur lui-même affirme qu'il n'y en a pas et je ne voudrais pas insister. Je mentionnerai juste en passant que les brûlures faites par la radio-activité ne guérissent jamais.

Les personnages du *Seigneur des anneaux* trouvent leur monde tout naturel comme nous trouvons le nôtre. Mais, contrairement à nous, ils n'ont pas de curiosité. Les miracles leur paraissent naturels et ils ne voyagent, ne prennent des contacts, ne visitent d'autres races ou ne consultent d'anciens documents que s'ils sont poussés par un grave péril. L'un d'eux dit : « Je n'ai pas besoin de cartes, j'ai mes rêves. » Ils voyagent généralement à pied ou à cheval, ne disposant pas de machines. De temps en temps, lorsqu'ils sont menacés, ils exercent des pouvoirs, par exemple le pouvoir de mettre le feu.

Il leur arrive aussi d'ouvrir des portes qui sont normalement invisibles ou de révéler des signes qui sont cachés dans le roc et qui n'apparaissent qu'après certaines cérémonies. En passant, on voit des traces de magie ou de techniques oubliées. Comme par exemple le métal *ithildin* qui ne reflète que la lumière de la Lune et des étoiles et encore uniquement quand il est activé par des mots prononcés dans une langue inconnue.

D'autres mécanismes du passé sont également activés par la voix humaine, comme dans *les Mille et Une Nuits*. (Certains de ces miracles et certains de ces mécanismes pourraient être réalisés par la technique moderne. Mais Tolkien, bien qu'il aime et connaisse la science-fiction, n'en utilise guère les moyens. Dans son monde, les rapports entre l'homme et la nature, entre la conscience et la matière, ne sont pas les mêmes que dans le nôtre.) Les races non humaines que les personnages rencontrent sont presque trop nombreuses. Le lecteur passe d'étonnement en étonnement à mesure qu'il rencontre les plantes intelligentes, les oiseaux civilisés et tant d'autres merveilles. En fait, on trouve beaucoup plus d'êtres non humains étrangers dans *Le Seigneur des anneaux* que dans plus d'un livre interplanétaire. Des appendices et des notes décrivent ces êtres et ces races avec le plus grand sérieux. Si les personnages du *Seigneur des anneaux* ne cherchent pas une explication du monde qui les entoure, ils ne sont pas davantage concernés par le temps. Ils ont l'impression d'être à la fin d'une époque mais ils ne sont pas outre mesure intéressés par ce qui arrivera plus tard lorsque ce seront les hommes qui domineront l'univers. Ils ont pourtant des moyens extraordinaires d'exploration, notamment un bassin d'eau où apparaissent des images de ce qui fut, de ce qui est et de ce qui sera et de ce qui peut encore être. Comme si cela ne suffisait pas, ce miroir montre aussi spontanément des images qu'on ne lui a pas demandées et qui sont souvent parmi les plus intéressantes. Ceux qui voient les images de l'avenir peuvent les éviter par la suite en changeant leur route à travers l'espace et le temps. Là aussi, on voudrait en savoir davantage, mais tout ce qu'on nous dit, c'est que cet instrument a été réalisé par les elfes qui ne le considèrent pas comme une magie mais comme une technique.

Une ligne suggère ou semble suggérer que l'instrument en question, ou la technique en question, provient de la planète Vénus. Et encore il est peut-être possible que j'interprète trop. En tout cas, la description de la lumière de la planète Vénus venant se concentrer sur l'un des anneaux au moment où l'on se sert de l'instrument de vision, est très belle. Très belle aussi l'idée que cet instrument — contrairement à nos machines — possède une certaine vie et montre quelquefois des images qu'il veut bien montrer.

Là aussi, si je voulais interpréter, je penserais à des traces d'une civilisation plus avancée que la nôtre, mais j'aurais probablement tort. En tout cas, avant de quitter les elfes détenteurs de l'œil qui permet de tout voir, les personnages entendent un chant dans une langue inconnue et dont pourtant les paroles restent dans la mémoire, alors que normalement on ne retient pas ce qui a été entendu mais non pas compris. Ce chant, dont on dit simplement qu'il parle de choses inconnues, est reproduit à la page 489 de la nouvelle édition américaine. L'auteur en donne une traduction qui est un bel aliment pour l'imagination mais qui ne nous apprend pas grand-chose. Il est vrai que tout le but de cette épopée est de faire rêver et non pas d'enseigner. Aussi ne saurons-nous jamais quelle est la grande créature volante, plus noire que la nuit, qui passe au-dessus des explorateurs et qui répand un froid qui réveille le souvenir d'anciennes blessures. Une flèche magique la chassera. Et cela continue ainsi à travers trois immenses volumes, le premier consacré à la fraternité de l'anneau, le deuxième à deux tours maudites, l'une la forteresse d'Orthanc où sont les résidus de la science du passé et la forteresse de Minas Morgul qui est la porte du pays sombre, et finalement le troisième et dernier volume, le retour du roi, qui décrit la fin des combats.

Il reste à demander pourquoi *Le Seigneur des anneaux* a eu un succès aussi fantastique dans les pays anglo-saxons et notamment aux États-Unis et au Canada. On peut en donner plusieurs explications qui doivent probablement se combiner entre elles. Tout d'abord le fait que le réalisme est en pleine déroute dans les pays anglo-saxons et notamment aux États-Unis. Sinclair Lewis et Theodore Dreiser sont oubliés depuis longtemps et même Hemingway est en perte de vitesse. La science-fiction correspond trop au monde où nous vivons pour constituer une littérature d'évasion. Les fusées intercontinentales et les bombes H ne sont plus des thèmes de romans de science-fiction, mais des manchettes de journaux. Les grandes machines à calculer ne sont plus des couvertures de revues de science-fiction mais des causes de chômage. C'est pourquoi le fantastique pur gagne du terrain.

Mais en ce qui concerne Tolkien, il y a, à mon avis, autre chose. Je pense que l'œuvre de Tolkien répond, en particulier pour la jeunesse américaine, à un immense besoin de propreté et de pureté. Car *Le Seigneur des anneaux* est essentiellement une œuvre noble. Bien que le nom de Dieu n'y soit jamais prononcé, il y résonne cependant avec un bruit d'airain. Et c'est cette attitude sans précédent, cette noblesse hors du monde qui, à mon avis, ont dû produire la véritable passion pour l'œuvre de Tolkien que l'on constate dans la jeunesse américaine. Vingt éditions en trois ans aux États-Unis, cinq au Canada, plus tous les signes dont nous avons parlé, allant de la société tolkienne jusqu'aux revues spécialisées, tout cela constitue plus qu'un emballement passager. D'après tout ce que j'ai pu savoir, Tolkien est une idole des jeunes Américains normaux et non pas des hippies. Et en effet, on aurait du mal à tirer du *Seigneur des anneaux* un appel en faveur de la drogue, une protestation contre la guerre du Viet-Nam ou une contestation quelconque de la Société.

Tolkien n'est pas un *guru* dément dans le genre de Marcuse. Il ne demande rien, il n'enseigne rien, il ne critique rien. Seulement dans un monde de faibles et de veules, il est un créateur. Or, la jeunesse américaine, dans sa grande majorité, ne suit pas les mahatmas du L.S.D. Elle a du respect pour les vrais savants et les vrais penseurs dont il y a tout de même un certain nombre aux États-Unis. Parmi ces penseurs véritables, on peut citer le paléontologue Loren Eiseley qui est à la fois un grand savant, un grand écrivain et un poète de la science. (Il n'est connu malheureusement en France que par un seul livre traduit : *L'Immense Voyage*.) Or, Loren Eiseley écrit à propos de Tolkien dans le supplément littéraire du *New York Herald Tribune* : « Notre époque va disparaître, mais Tolkien restera. Car il a accompli un acte majeur de création. »

C'est probablement l'opinion d'Eiseley qui a fait que *le Seigneur des anneaux* est devenu un maître livre de toute une génération au lieu d'être l'objet d'admiration d'un petit groupe de lettrés. Il est certain aussi — et je ne saurais trop insister là-dessus — que les facteurs économiques de production de masse ont joué.

Tant que *Le Seigneur des anneaux* n'était disponible que dans une édition à 75F, on ne pouvait demander au lecteur moyen d'y avoir accès autrement que dans une bibliothèque. À partir du moment où il est paru en livre de poche, les conditions nécessaires, sinon suffisantes, pour que tout le monde puisse y avoir accès étaient remplies. On ne se rend pas suffisamment compte à quel point des facteurs purement techniques : le collage automatique des volumes, la composition par ordinateurs, les machines à imprimer très rapidement, servent la culture. Des imbéciles s'obstinent à dire que la technologie moderne et la société de consommation sont néfastes à la culture. Rien n'est plus faux : la machine automatique donne aussi bien accès à Tolkien qu'à bien d'autres chefs-d'œuvre. Il suffit de consulter le catalogue de Ballantine Books pour y trouver les meilleurs livres de notre époque.

Une autre remarque générale mérite d'être faite à propos du *Seigneur des anneaux* : des imbéciles, souvent les mêmes, disent que les Américains n'ont pas le sens de la culture ni le goût des idées. Venant des représentants d'un pays, la France, où 43 % des citoyens n'achètent *jamais* un livre, la remarque a une saveur toute particulière. En fait, les Américains sont parfaitement capables de pénétrer avec joie dans un livre complexe et difficile comme *Le Seigneur des anneaux*. C'est exactement pour la même raison qu'ils sont à l'avant-garde de la science et de la technique. Des étudiants de Berkeley m'ont dit que, tout en lisant Tolkien, ils s'arrêtent pour lire un ouvrage de hautes mathématiques à titre de distraction. Ce n'est pas une boutade. Tolkien exige certainement un effort plus grand d'adaptation que les mathématiques. Comme pour les mathématiques, l'effort en vaut la peine. Comme pour les mathématiques, il n'y a pas d'applications pratiques : trois mémoires mathématiques sur dix mille servent à quelque chose, les autres ne font que contribuer à la gloire de l'esprit humain. Tout ce que les étudiants américains tireront, sur le plan pratique, de Tolkien, c'est un contact avec le style d'un homme écrivant un anglais parfait. Les joies de l'intelligence et de l'émotion qu'ils en retireront n'ont pas d'application pratique immédiate. Cela étant dit, l'esprit pratique des Américains est tellement extraordinaire qu'ils tireront peut-être du *Seigneur des anneaux* quelque chose de tout à fait inattendu. Ils ont bien tiré d'un des rares livres modernes qui rappelle Tolkien, *Le Roi Arthur*, de T.H. White, une comédie musicale puis un film intitulé : *Camelot*.

Peut-être verrons-nous *Le Seigneur des anneaux* en bandes dessinées ou en télévision en couleur[97]. Aux États-Unis, comme dans le monde de Tolkien, tout est possible.

Y aura-t-il des écrivains plaçant leur œuvre dans le monde de Tolkien, comme cela s'est produit pour Lovecraft ?

Étant donné la gentillesse de Tolkien, il est bien capable d'en donner la permission, mais je vois mal un écrivain moderne capable d'en profiter. On sent l'influence de Tolkien chez certains écrivains comme Michael Moorcock, mais il s'agit d'une influence plutôt que d'une imitation. Il est certain aussi que quelques-uns des plus grands poètes anglais modernes, et notamment W.H. Auden, sont influencés par Tolkien poète. Il est certain aussi que parmi les jeunes faisant partie de la société tolkienne ou de divers clubs tolkiens, il naîtra des écrivains. Lin Carter, qui est l'auteur du premier livre sur Tolkien, en est déjà un exemple. Je reparlerai de lui à propos de Robert E. Howard dont il complètera certains manuscrits restés inachevés.

Y aura-t-il des écrivains du genre de Tolkien en Europe ? Cela me paraît possible au Danemark où le prix Nobel Jensen a un peu la même mentalité. De même en Allemagne où Hermann Hesse (qui s'est vu décerner le prix Nobel pour son roman fantastique *Le Jeu de perles de verre*) et Ernst Jünger ont également ce goût des vastes constructions et des immenses châteaux dans des pays qui n'existent pas. Peut-être se trouvera-t-il des continuateurs de Tolkien en Angleterre même. Et je continue à espérer pour lui un prix Nobel. Il est certain que pour construire une œuvre de ce calibre, il faudra un homme capable d'un immense travail, d'un désintéressement total et de cette simplicité un peu enfantine que manifeste Tolkien. Il faudra aussi un milieu approprié. Les grandes universités anglaises en fournissent un, et je pense que l'Institut des études avancées de Princeton, avec ses chaires de loisirs permettant à un homme de valeur de penser et de composer de la poésie ou des hautes mathématiques sans avoir à enseigner ni à fournir un travail, pourra aussi produire un Tolkien.

Par contre, je vois très mal un Tolkien travaillant dans les grenades lacrymogènes, les insultes et la contestation générale[98]. Peut-être le contingent d'exilés de l'Université française donnera-t-il quelque part des Tolkien ?

Nous allons voir ce que fournira Tolkien lui-même, car je ne pense pas que *Le Seigneur des anneaux* soit son dernier mot. J'attends de lui au moins un autre chef-d'œuvre de ce calibre. Et je compte aussi sur lui pour le plus grand nombre possible d'appendices, de notes, de cartes et d'études linguistiques dans les rééditions du *Seigneur des anneaux*.

J'aimerais en savoir toujours davantage sur l'univers du *Seigneur des anneaux*. J'aimerais savoir où il se situe, sur quoi il débouche et comment il a fini, s'il a jamais fini. J'aimerais bien que Tolkien, puisqu'il connaît la science-fiction, utilise pour une fois une méthode de celle-ci : la création d'univers parallèles, et nous explique dans un appendice final que le monde des Hobbits, libéré de la menace des ténèbres, existe encore quelque part dans une dimension heureuse, loin des bombes H.

Biobibliographie de J. R. R. Tolkien :

Né le 3 janvier 1892.
Profession principale : professeur de linguistique à Oxford.
Professions secondaires : conteur pour enfants, poète, romancier.

Ouvrages traduits en français :

Le Hobbit, Stock, 1969.

Note de l'éditeur : J.R.R. Tolkien est mort en 1973. *Le Seigneur des Anneaux* venait seulement d'être traduit en France par Bourgois Editeur (1972), grâce à cet article de Bergier.

Bibliographie actualisée :
(par ordre chronologique de publication)

A Middle English Vocabulary. The Clarendon Press, Oxford, 1922.
Sir Gawain & The Green Knight. Ed. J.R.R. Tolkien and E.V. Gordon. The Clarendon Press, Oxford, 1925.
Songs for the Philologists, Department of English, University College, London, 1936. (Contient principalement des vers humouristiques en gothique, vieil anglais, etc., by Tolkien, E.V. Gordon ...)
The Hobbit: or There and Back Again. George Allen and Unwin, London, 1937.
The Reeve's Tale. Ed. « J.R.R.T. » Oxford, 1939.
Sir Orfeo. The Academic Copying Office, Oxford, 1944. (version éditée anonymement par Tolkien lui-même).
Farmer Giles of Ham. George Allen and Unwin, London, 1949
The Fellowship of the Ring (The Lord of the Rings, I). George Allen and Unwin, London, 1954.
The Two Towers (The Lord of the Rings, II), George Allen and Unwin, London, 1954.
The Return of the King (The Lord of the Rings, III), George Allen and Unwin, London, 1955.
The Adventures of Tom Bombadil and Other Verses from the Red Book. George Allen and Unwin, London, 1962.
Ancrene Wisse : The English Text of the Ancrene Riwle. Early English Text Society, Original Series No. 249. Oxford University Press, London, 1962.
Tree and Leaf. George Allen and Unwin, London, 1964.
The Tolkien Reader. Ballantine, New York, 1966. (dont « The Homecoming of Beorhtnoth Beorthelm's Son », Tree and Leaf, Farmer Giles of Ham and The Adventures of Tom Bombadil.)
Smith of Wootton Major. George Allen and Unwin, London, 1967.
The Road Goes Ever On: A Song Cycle. Houghton Mifflin, Boston, 1967; George Allen and Unwin, London, 1968.
Bilbo's Last Song. Allen and Unwin, London, 1974.

Sir Gawain and the Green Knight, Pearl and Sir Orfeo. Ed. Christopher Tolkien. George Allen and Unwin, London, 1975.
The Father Christmas Letters. Ed. Baillie Tolkien. George Allen and Unwin, London, 1976.
The Silmarillion. Ed. Christopher Tolkien. George Allen and Unwin, London, 1977.
Pictures by J.R.R. Tolkien. Ed. Christopher Tolkien. George Allen and Unwin, London, 1979. (Reproductions de la plupart des peintures de Tolkien publiées par Allen and Unwin pour les Tolkien Calendars.)
Poems and Stories. George Allen and Unwin, London, 1980.
Unfinished Tales of Numenor and Middle-earth. Ed. Christopher Tolkien. George Allen and Unwin, London, 1980.
Letters of J.R.R. Tolkien. Ed. Humphrey Carpenter with Christopher Tolkien. George Allen and Unwin, London, 1981.
The Old English 'Exodus'. Ed. Joan Turville-Petre. The Clarendon Press, Oxford, 1981.
Mr. Bliss. George Allen & Unwin, London, 1982.
Finn and Hengest: The Fragment and the Episode. Ed. Alan Bliss. George Allen and Unwin, London, 1982.
The Monsters and the Critics and Other Essays. Ed. Christopher Tolkien. George Allen and Unwin, London, 1983.

THE HISTORY OF MIDDLE-EARTH (série rassemblée par Christophe Tolkien d'après les carnets de JRRT, connue sous le nom de HOME) :
The Book of Lost Tales, Part I. Ed. Christopher Tolkien. George Allen and Unwin, London, 1983.
The Book of Lost Tales, Part II. Ed. Christopher Tolkien. George Allen and Unwin, London, 1984.
The Lays of Beleriand. Ed. Christopher Tolkien. George Allen and Unwin, London, 1985.
The Shaping of Middle-earth. Ed. Christopher Tolkien. George Allen and Unwin, London, 1986.
The Lost Road and Other Writings. Ed. Christopher Tolkien. Unwin Hyman, London, 1987.
The Return of the Shadow. Ed. Christopher Tolkien. Unwin Hyman, London, 1988.
The Treason of Isengard., Christopher Tolkien. Unwin Hyman, London, 1989.
The War of the Ring. Christopher Tolkien, Unwin Hyman, London, 1990.
Sauron Defeated, Ed. Christopher Tolkien. HarperCollins, London, 1992.
Morgoth's Ring, Ed. Christopher Tolkien. HarperCollins, London, 1993.
The War of the Jewels. Ed. Christopher Tolkien. HarperCollins, London, 1994.
The Peoples of Middle-earth. Ed. Christopher Tolkien. HarperCollins, London, 1996.

Roverandum. Ed. Christina Scull and Wayne G. Hammond. HarperCollins Publishers, London, 1998.

Concernant les langues inventées par Tolkien :

I.Lam na.Goldogrin: The Grammar and Lexicon of The Gnomish Tongue. Ed. Christopher Gilson, Patrick Wynne, Arden R. Smith and Carl F. Hostetter. Parma Eldalamberon 11, Walnut Creek, CA, 1995.

Qenyaqetsa: The Qenya Phonology and Lexicon together with The Poetic and Mythologic Words of Eldarissa. Ed. Christopher Gilson, Carl F. Hostetter, Patrick Wynne and Arden Smith. Parma Eldalamberon 12, Cupertino, CA, 1998.

'From Quendi and Eldar, Appendix D' [contenant *'*Kwen, Quenya, and the Elvish (especially Ñoldorin) words for Language'*, omis dans *Morgoth's Ring*], ed. Carl F. Hostetter. Vinyar Tengwar 39, Crofton, MD, July 1998.

'Ósanwe-kenta: « *Enquiry into the Communication of Thought* »', ed. Carl F. Hostetter. Vinyar Tengwar 39, Crofton, MD, July 1998.

Disponibles en français :

Les Aventures de Tom Bombadil (édition bilingue), Christian Bourgois Editeur, 1975 (disponible, 10/18, 1978).

Bilbo Le Hobbit, Stock, 1969, Christian Bourgois Editeur, 1992 (disponible, Pocket et J'ai Lu).

Contes et Légendes Inachevés, Christian Bourgois Editeur, 1982 (réed. 1993) ; Pocket 1988.

Ferrand de Bourg-aux-Bois, Christian Bourgois Editeur (Pocket), bilingue.

Faërie, Christian Bourgois Editeur, 1974 ; Pocket 1992.

Le Livre des Contes Perdus, I et II, Christian Bourgois Editeur, 1995 (t.1) et 1998 (t. 2)

Le Seigneur des Anneaux (rassemblant les tomes I, II, III, appendices et annexes), Christian Bourgois Editeur, 1995 (première édition française : 1972);

Le Seigneur des Anneaux, volumes séparés : (Christian Bourgois Editeur, 1972 ; Presses Pocket, 1986) :

La Fraternité de l'Anneau, 1972
Les Deux Tours, 1972
Le Retour du Roi, 1973
Appendices et annexes, 1986

Le Silmarillon, Christian Bourgois Editeur, 1978 (réed. 1993); Presses Pocket 1984

Lettres du Père Noël, Christian Bourgois Editeur

Roverandom, Christian Bourgois Editeur, 1999.

Les cartes peintes par John Howe (textes de Brian Sibley) sont disponibles en France :

La Carte de la Terre du Milieu de Tolkien, Christian Bourgois Editeur, 1995 (1994 pour l'édition anglaise HarperCollins Publishers).

La Carte du Hobbit : Nouvel Aller-Retour, Christian Bourgois Editeur, 1996 (1995 pour l'édition anglaise HarperCollins Publishers).

CHAPITRE VII

C.S. Lewis
ou
La Rançon

Chapitre VII
C.S. Lewis
ou
La Rançon

On a pu écrire que le théologien anglais C.S. Lewis a créé un genre nouveau : la théologie fiction. La définition est à la fois trop large et trop étroite. On a écrit des livres où la théologie se mêlait à la science-fiction avant que paraisse entre 1938 et 1946 l'immense trilogie de C.S. Lewis.

— *Le Silence de la Terre*
— *Perelandra*[99]
— *Cette force hideuse*[100]

(On trouve cette trilogie en un seul volume dans une belle édition française du Club du livre d'anticipation).

Le premier volume est également paru au Rayon fantastique. Mais cette trilogie ne représente qu'une partie de l'œuvre de C.S. Lewis et non pas sa totalité. Il fut aussi un théologien dans *Le Journal du diable*[101], un écrivain pour enfants dans la série sur *Le Monde de Narnia* et un romancier dans : *Jusqu'à ce que nous ayons des visages*[102]. C'est surtout la trilogie de Lewis qui nous occupera ici, mais le reste de son œuvre ne doit pas être oublié.

Pour commencer, il faut parler brièvement de cet homme étrange et secret. Il naquit en Irlande en 1898. Il fut élevé dans une de ces écoles privées anglaises qui ont fait la joie de l'aristocratie britannique mais que C.S. Lewis appelle simplement le camp de concentration (dans son autobiographie spirituelle *Surprised by Joy*, chez Fontana Books, Londres.)

Une fois sorti du camp de concentration et lancé dans des études brillantes à Oxford, sa vie fut saisie et presque dévorée par une passion. Non point la passion pour la chair, ce qu'il aurait préféré mille fois, mais une passion pour l'occulte. Il écrit à la page 53 de son autobiographie : « Tout le monde n'a pas eu cette maladie. Ceux qui l'ont eue sauront ce que je veux dire. J'ai essayé de le décrire dans un roman. C'est un désir spirituel. Et, comme le désir charnel, il a le pouvoir de rendre tout le reste du monde dépourvu d'intérêt tant que le désir dure. C'est probablement cette passion plus même que le désir du pouvoir qui fait le magicien. »

Il tomba ainsi de plus en plus bas — dirait un homme religieux. Il devint de plus en plus fou — dirait un psychologue rationaliste. Et puis brusquement, il y eut une intervention surnaturelle — dirait un homme religieux. Il redevint sain d'esprit — dirait un rationaliste. Nous ne savons que très peu de choses sur cette psychologie des altitudes et sur le mécanisme interne de la conversion. Le lecteur qui s'intéresse à ce genre de problème pourrait lire pour se faire une opinion *Le Dieu des savants*, de Rémy Chauvin, ou *Dieu existe, je l'ai rencontré* de mon camarade de prison André Frossard. Sans me prononcer, je noterai simplement qu'en 1929, brisé par le combat avec l'ange mais sain d'esprit et de corps, C.S. Lewis devint chrétien. Il propagea le christianisme avec une immense vigueur et ses livres de combat chrétien se vendirent par millions.

En 1954, il fut nommé professeur de littérature médiévale et de la Renaissance à Cambridge. Il devait mourir le 22 novembre 1963 à Oxford. On ne saura probablement jamais les circonstances exactes de sa conversion. Quelqu'un — un être humain que j'ai eu l'occasion de rencontrer — est intervenu pour le sauver, mais le nom ne sera pas prononcé. Je dirai simplement que *L'Incrédulité de l'abbé Brown*[103], de G.K. Chesterton, est dédié : « Au Révérend Père ... dont la vérité est plus étrange que la fiction, avec une reconnaissance plus grande que le monde. » Je ne suis pas autorisé pour le moment à en dire davantage sur l'un des personnages les plus étranges de notre époque. Ce que je peux noter, en tout cas, puisque Lewis en parle lui-même aux pages 182 et 183 de son autobiographie, c'est le côté terrifiant de sa conversion. Il écrit : « Je n'ai pas plus cherché Dieu que la souris ne recherche le chat. » Il capitula sans condition et avec terreur. Il écrit : « La dureté de Dieu est plus douce que la douceur des hommes ». On pense à un poète français :

Ah j'ai froid d'un froid de glace
Et je brûle à toute place
— Sous la glace et dans le feu
Tu retrouveras ton Dieu.

Le rationaliste dirait que Lewis est passé d'une folie à une autre folie. On pourrait leur [*sic*] répondre, avec Chesterton, que le fou n'est pas celui qui a perdu la raison, mais celui qui a tout perdu hors la raison.

C'est après sa conversion, en 1938, que Lewis a commencé à écrire ce que je considère comme son grand œuvre : la trilogie comprenant :
— *Le Silence de la Terre*
— *Perelandra*
— *Cette force hideuse*.

Il s'agit d'une œuvre tellement insolite que l'on a créé pour elle le mot de « théologie fiction ».

En fait, cette trilogie est inclassifiable. Elle présente une vision de l'univers qui est absolument à contre-courant de la vision scientifique.

Ce qui n'empêche d'ailleurs pas cette trilogie de Lewis d'anticiper, de la façon la plus curieuse, quelques-unes des découvertes ou des idées les plus récentes de la science comme par exemple l'existence des ceintures de radiation autour du globe ou l'idée que Jupiter pourrait être non seulement habitée, mais la planète la plus habitée du système solaire. Certains biologistes et astrophysiciens parlent maintenant de Jupiter comme du centre biologique du système solaire[104] et en termes qui font croire qu'ils ont réellement beaucoup lu Lewis. Mais venons-en vite à la vision universelle de Lewis.

Pour lui, les planètes ne se maintiennent pas toutes seules sur leur orbite, mais y sont maintenues par des êtres immatériels, les Eldila, pluriel de Eldil.

Les Eldila habitent l'espace qui n'est pas vide, contrairement à la croyance des savants, mais plein de vies multiples.

« Il faut, dit un des personnages de Lewis, remplacer la notion d'espace par la notion de ciel. »

Les Eldila obéissent à deux êtres : Maleldil le Jeune, qui est un créateur d'étoiles, et Maleldil l'Ancien, qui est un créateur d'univers. Toutes les planètes sont habitées, mais pour que les habitants ne puissent pas s'attaquer mutuellement, elles sont séparées par d'immenses distances qui sont « la quarantaine de Dieu. »

L'Eldil chargé de la planète Terre est fou. Il s'est retiré de la grande confrérie des Eldila, n'admet plus l'autorité de Maleldil le Jeune et exerce la tyrannie du mal sur la terre.

Pour l'empêcher d'étendre son domaine du mal aux autres planètes, la Terre est entourée d'une ceinture protectrice de radiations. Ceci fut publié en 1938. En 1959, une ceinture de radiations autour de la Terre fut découverte par Van Allen et Vernoff.

Simple coïncidence... Simple coïncidence.

La science et la science-fiction (tout au moins les formes de science-fiction qui incitent l'homme à quitter la planète), sont des instruments de l'Eldil sombre qui est le maître de ce monde.

Voilà tout au moins comment se présente la situation un peu avant la Seconde Guerre mondiale lorsque le silence de la Terre est rompu. Un astronef, propulsé par l'énergie solaire et piloté par des rationalistes endurcis, gagne la planète Mars. Il y trouve dans des vallées profondes des Martiens non humains, trois espèces de Martiens, en fait.

Il y a également l'Eldil de Mars qui apparaît au sens des créatures matérielles comme une colonne de lumière.

Les deux savants rationalistes décidant, avec raison, que toute religion ne peut être que barbare, pensent que les Martiens leur seraient favorables s'ils faisaient un sacrifice humain à leurs dieux. Nos braves savants reviennent donc sur Terre et kidnappent un terrien. Ce terrien est un professeur de philosophie et de sémantique appelé Ransom : Rançon.

Il ne comprend pas, à cette étape de sa vie, la signification de son nom. Ce n'est que vers la fin de la trilogie qu'il apprendra qui il est. Ransom est donc emmené sur la planète Mars et présenté comme victime de sacrifices à l'Eldil de Mars qui est aussi surpris que lui. L'Eldil le libère aussitôt, emprisonne les deux autres et enseigne à Ransom la Grande Langue, la langue solaire qui a précédé toutes les langues terriennes mais qui fut parlée sur la Terre avant que l'Eldil sombre ne se révolte.

Puis Ransom et l'Eldil de Mars échangent des renseignements. Ransom apprend ainsi tous les secrets de l'univers, mais pas le sien propre qui sera révélé plus tard.

Mais l'Eldil n'a pas perdu à cet échange d'informations. Car, à cause de la barrière des radiations, il ignorait tout ce qui se passait sur la Terre depuis des millénaires. Il ignorait en particulier un certain « événement » qui s'était produit deux mille ans environ (années terrestres) avant l'arrivée de Ransom : l'histoire de Celui qui prêcha sur Terre la parole de Maleldil le Jeune, qui est mort sur la croix et qui ressuscita au troisième jour.

L'Eldil de Mars dira à Ransom : « C'est moi le bénéficiaire de cet échange de renseignements. Il n'y a pas de mots pour te remercier. » Puis ils en viennent aux mesures pratiques : l'astronef avec les trois voyageurs terrestres sera ramené sur la Terre, mais se désintégrera dix minutes après l'arrivée. L'Eldil et Ransom espèrent que ceci servira de leçon aux deux savants. Et le retour se fait. L'histoire semble finie.

Mais il y a une première suite qui est *Perelandra*.

Aux jours les plus sombres de la Seconde Guerre mondiale, l'Eldil de Mars vient trouver Ransom et lui dit qu'on a besoin de lui sur la planète Vénus. Il y sera transporté dans un récipient puis ramené sur Terre s'il survit.

Vénus est une mer recouverte d'îles flottantes. L'Eldil de Mars n'étant pas fou, le mal n'y existe pas et des hommes et des femmes y vivent dans le meilleur des mondes possibles. Il y a également une île flottante que Ransom ne verra pas, tout au moins à ce voyage-là, et où habitent les hommes particulièrement nobles qui ont été enlevés de la Terre pour y vivre éternellement : de Melchisédech au prophète Elie. Mais un danger menace le monde de Vénus : le sombre Eldil de la Terre a pris possession du corps d'un des savants qui avaient envahi Mars, lui a appris comment construire une autre machine et l'a fait débarquer sur Vénus.

Ransom le combat et le grand drame de la tentation et de la chute se déroule sur Vénus mais avec d'autres résultats.

Ayant vaincu le représentant de l'Eldil sombre, Ransom revient sur la Terre.

Là se déroulera quelques années dans notre futur immédiat la dernière bataille. Sous la direction du sombre Eldil, les savants ont pris le pouvoir et instaurent un règne super hitlérien. Leur force hideuse domine la Terre.

Mais pendant ce temps-là, Ransom a découvert qui il est. Il est le Pendragon, le chef spirituel secret du celtisme. Et plus encore, il est Ransom, la Rançon, l'homme qui, de nouveau, après deux mille ans, sera appelé à se sacrifier pour que ce qui existe encore de bien dans le corps et dans l'âme de l'homme ne périsse pas. Les grands Eldila planétaires sont derrière lui et le petit groupe qu'il a réuni. Les Eldila sont maîtres du temps comme de l'espace et ils sont venus chercher dans le passé un allié pour Ransom : Merlin.

La grande bataille se livrera : Harmaguédon et l'histoire de la tour de Babel à la fois. Et cette fois-ci, les forces du bien triomphent. Le silence de la Terre finira. Une aube nouvelle se lève. Et Ransom, qui a survécu à un conflit entre les pouvoirs les plus terribles de la science et les grands Eldila, quittera la Terre pour aller rejoindre dans l'île de Vénus les immortels.

Il est difficile dans un bref résumé de faire comprendre les prodigieux aspects à la fois poétiques et métaphysiques de cette immense trilogie. Elle prétend répondre et elle répond à toutes les grandes questions, y compris à celle du mal. (Soit dit en passant, elle explique Hitler : celui avec qui il avait fait un pacte était certainement l'Eldil sombre.)

Elle explique pourquoi les langues se compliquent à mesure qu'elles deviennent plus anciennes.

Elle parle du Numinor ou véritable Occident, le grand secret de la civilisation celte.

Elle ne mentionne pas un instant la religion personnelle de Lewis : ce n'est pas une tentative de conversion. C'est un univers et tout ce qu'on peut en dire, c'est qu'il paraît plus vrai, plus raisonnable, répondant davantage à ce besoin qu'on a de comprendre et d'approuver, que l'univers de la science.

Aussi, à la fin de l'apparition de la trilogie, les savants ont-ils hurlé. J.B.S. Haldane a publié un certain nombre d'essais contre Lewis et se fit écraser par celui-ci dans la presse et la radio d'une façon tellement brillante qu'il n'a plus insisté. Il a simplement dit : la malchance veut que Lewis soit un grand écrivain et pas moi. La trilogie de Lewis a un énorme succès dans le monde entier et elle est constamment rééditée.

Lewis, bien entendu, a écrit bien autres choses : l'admirable roman, *Jusqu'à ce que nous ayons des visages*, non traduit en français, des nouvelles de science-fiction, et une très longue série purement fantastique pour les enfants, sur le pays imaginaire de Narnia. Mais il restera pour des dizaines de millions de lecteurs l'auteur de la trilogie sur Ransom.

On continuera pendant longtemps de la discuter. On a beaucoup dit que c'est une œuvre qui ne reflète pas réellement la religion chrétienne mais un œcuménisme personnel à Lewis et on voit entre autres apparaître des éléments provenant des religions orientales.

D'autres critiques, par contre, l'accusent de revenir à une idée de la religion chrétienne qui leur paraît largement dépassée et qui serait d'après eux plus proche de Milton et de Dante que de l'Église réformée moderne.

D'autres enfin disent que la trilogie de Lewis n'est pas de la science-fiction. Ce à quoi il m'est déjà arrivé de répondre : « La musique n'est pas de la littérature. »

Lewis a créé un genre nouveau ou, si on veut absolument le rapprocher de Dante et de Milton, renouvelé un genre très ancien.

Peu importe.

Ce qui est essentiel, c'est qu'il a réussi un chef-d'œuvre complet où l'on trouve tout aussi bien les grandes passions humaines que la découverte de l'absolu.

Car l'homme ordinaire et la femme ordinaire pour qui Ransom a combattu ne sont pas oubliés. Les dernières paroles de Ransom avant de quitter ce monde s'adressent à une jeune femme visionnaire dont la clairvoyance l'a aidé : « Vous n'aurez plus de visions. Ayez plutôt des enfants. Je vous donne la bénédiction de Maleldil. »

Parmi les visions purement réalistes, il faut retenir dans « cette force hideuse » celle de l'Institut national pour les expériences coordonnées, institution qui est régie en réalité par l'Eldil sombre mais qui rappelle singulièrement certaines institutions internationales modernes.

Le lecteur de Lewis se souviendra longtemps de l'infortuné professeur engagé dans l'Institut national pour les expériences coordonnées et qui reçoit alternativement des blâmes, tantôt pour avoir pris des initiatives et tantôt pour ne pas en avoir pris. Lorsqu'il est au bord du désespoir, on lui fait comprendre doucement qu'il ferait mieux d'entrer à l'intérieur de l'Institut dans le petit groupe officieux des gens qui sont « dans le coup », ce groupe étant en réalité des adorateurs secrets de l'Eldil sombre qui dirige effectivement l'Institut.

Le lecteur n'oubliera pas non plus de si tôt parmi les visions d'une Angleterre où la dictature du rationalisme néo-hitlérien est en train de s'établir, la description de la lesbienne chef de police, Miss Hardcastle. Quiconque a connu des policières hitlériennes ou staliniennes reconnaîtra le portrait.

Oui, la trilogie de Lewis reflète pour commencer notre monde à nous, avec une vision réaliste, précise et détaillée. Ce n'est en aucune façon un conte de fées vague. Seulement, au lieu de présenter uniquement un univers désespéré et incompréhensible comme tant d'autres devant lui, C.S. Lewis nous montre les mécanismes intérieurs, les puissances secrètes qui dominent notre monde et aussi les forces opposées, auxquelles on peut faire appel et qui peuvent intervenir en notre faveur. À condition, toutefois, de combattre soi-même : « Aide-toi, le Ciel t'aidera. »

Cette platitude vue par Lewis cesse d'être une platitude. Car, par le Ciel, il entend littéralement le Ciel qui n'est pas l'espace vide des astronomes, mais le vrai domaine de la vie. Une vie qui peut nous aider et qui nous aide quelquefois. Ransom, en tout cas, trouve des références semblant montrer qu'à une époque toute récente, le Moyen-Âge, les Eldila venaient sur la Terre. Il précise d'ailleurs que les coordonnées d'un Eldil dans l'espace-temps ne peuvent être définies avec précision et c'est pour cela qu'à notre échelle et de notre point de vue, les Eldila se déplacent dans le temps aussi facilement que dans l'espace.

Lewis a visiblement beaucoup lu la science-fiction, qui exerçait sur lui une fascination tenant de l'ambivalence. Il y voyait une émanation du mal, du désir de l'humanité de propager à travers l'univers les horribles maladies mentales qu'elles portent et dont l'hitlérisme est un bel et récent exemple. Mais, en même temps, il était fasciné par la largeur d'idées et l'extension à tout l'univers de l'aventure romantique. Il reconnaît à plusieurs reprises sa dette envers Wells et Stapledon.

Mais sa grande inspiration n'en reste pas moins le Moyen-Âge. Rejetant les clichés rationalistes du XIXe siècle, il voit dans le Moyen-Âge une époque de lumière, une époque où les progrès étaient plus rapides qu'au XIXe et XXe siècles, une époque où les secrets anciens étaient proches et les secrets nouveaux se découvraient de plus en plus. Il rejoint dans ce domaine de nombreux médiévistes modernes. Il est influencé aussi par William Morris : *Sigurd the Volsung, The Well at the World's End, Jason, The Earthly Paradise*.

Plus tard, il sera influencé aussi bien sur le plan de la lecture que sur celui de l'amitié et du contact personnel par le grand écrivain moderne J.R.R. Tolkien (voir dans le présent livre le chapitre sur celui-ci : *Le Seigneur des anneaux*.) Ensuite, il découvre Yeats et Maeterlinck. Le dernier est trop connu pour que j'en parle. Le premier mérite une référence. Yeats, prix Nobel de littérature, auteur de magnifiques poèmes et d'essais comme *Rosa Alchemica* et *Per Amica Silentia Lunae*. Membre de la Société secrète de la Golden Dawn, Yeats ne croyait pas au christianisme mais croyait à la magie. Il ébranla considérablement le rationalisme de Lewis et celui-ci écrit dans son autobiographie : « Si, à l'époque où j'ai connu Yeats, je m'étais trouvé en présence d'un magicien, je serais maintenant un sataniste ou un fou. » Lewis devait découvrir quelques années plus tard, vers 1923, le romancier mystique anglais George MacDonald. MacDonald est injustement oublié aujourd'hui. C'était le grand-père du célèbre écrivain de romans policiers, Philip MacDonald. George MacDonald écrivit des livres étranges et notamment *Phantasmes, a Faerie Romance*.

On trouve dans ses livres un étrange mélange de traditions, de folklore et d'idées très modernes du type science-fiction, par exemple le voyage dans des mondes parallèles à travers des miroirs convenablement polarisés.

On peut considérer George MacDonald comme étant le véritable ancêtre littéraire de C.S. Lewis.

Mais toutes ses sources, comme d'habitude, n'expliquent rien. Beaucoup de jeunes Anglais ont eu les mêmes lectures. Beaucoup ont fréquenté les mêmes universités et personne d'autre au monde n'aurait pu décrire la trilogie de Lewis.

Bien entendu, Lewis, comme tant d'autres, a été impressionné et probablement converti par le plus grand moraliste de notre époque et un de ses plus grands génies : j'ai nommé G.K. Chesterton.

On trouve déjà dans *Le Nommé Jeudi* (récemment réédité chez Gallimard) une anticipation de la destinée de Ransom. Le héros du *Nommé Jeudi*, le poète Gabriel Sime, rencontre dans une chambre noire quelqu'un qu'il croit être le chef de la police et qui lui annonce qu'il l'engage pour la défense du bien contre le mal. Et il s'ensuit cet extraordinaire dialogue :

Gabriel Sime. — Mais je ne suis pas préparé.

La voix. — Personne n'est préparé à la bataille d'Harmaguédon.

Gabriel Sime. — Mais il n'existe pas de professions n'exigeant aucune étude, aucun entraînement préalables.

La voix. — Il n'en existe qu'une : celle de martyr. Je vous condamne à mort ; au revoir.

Sime apprendra plus tard que la voix qui lui a parlé est celle de Celui qui a bâti le ciel et la terre.

Le problème de Sime, choisi sans l'avoir demandé, est aussi celui de Ransom.

J'ai eu personnellement l'occasion d'y réfléchir dans les chambres de torture de la Gestapo. Gilles Perrault, dans son récent livre *L'Orchestre rouge* (Fayard), écrit : « Il vient un moment, où, sous la torture, soixante-dix kilos de viande deviennent un traître ou un héros, et personne ne peut savoir d'avance de quel côté la balance penchera. » C'est parfaitement exact, tout au moins dans la conception rationaliste du monde.

Pour C.S. Lewis, comme pour beaucoup de mes amis, morts et vivants, la question ne se pose pas. Pour eux, il y a quelqu'un qui sait d'avance de quel côté la balance penchera et qui a choisi ceux qui deviendront des héros et des faiseurs de miracles sans qu'ils aient eux-mêmes demandé quoi que ce soit.

Sans être passé lui-même par la torture, Lewis comprenait parfaitement que des traces restent. Toute sa vie terrestre, Ransom portera une plaie faite pendant la bataille avec l'Eldil sombre sur la planète Vénus, plaie que rien ne pourra guérir, tout au moins dans ce monde. Cette plaie guérira peut-être ailleurs, dans un autre monde où se trouve maintenant Ransom et où il a le droit de porter la bague qui révèle qu'il est le Pendragon, une bague reconnaissable parce qu'elle porte une pierre précieuse inconnue qui a cristallisé sous forme d'un escalier avec des marches.

Le monde de Lewis est donc remarquable non seulement parce qu'il donne des portes permettant de s'échapper des pires enfers du nôtre, mais parce qu'il donne la possibilité d'une contre-offensive. Car le ciel est éternel mais tous les enfers doivent finir, même s'ils paraissent très longs.

Quelle est la responsabilité de la science dans les enfers que nous avons vus et subis ?

La vraie responsabilité, la responsabilité morale distincte de la responsabilité purement technique pour la fourniture des gaz et la construction des crématoires ?

Lewis s'explique là-dessus dans *Cette force hideuse* :

« Les sciences, innocentes et bonnes en elles-mêmes, avaient, même du temps de Ransom, commencé à être subtilement manœuvrées dans une certaine direction. Les savants s'étaient laissés de plus en plus insinuer l'impossibilité d'atteindre la vérité objective et le désespoir qui s'ensuit. Ils s'étaient désintéressés de la vérité objective et n'avaient recherché que le pouvoir. À force de parler de l'élan vital et du psychisme universel, ils en étaient venus à restaurer un esprit magique. Les rêves du destin futur de l'homme avaient ressorti de la tombe le rêve de l'homme devenu Dieu. Les expériences de laboratoire pathologique faisaient naître la conviction que pour progresser il fallait d'abord étouffer toutes les répugnances instinctives. Et maintenant ceux qui, dans l'ombre, avaient construit cette structure, étaient en train de la replier en arrière, de façon à faire rencontrer et admettre par la science d'anciens et sombres pouvoirs. Le moment avait été bien choisi. Cette opération n'aurait pas pu être faite sur les savants du XIXe siècle. Leur matérialisme objectif ferme les aurait empêchés d'entrer dans certains domaines. Et leur moralité traditionnelle les aurait empêchés de se salir les mains avec un certain type de boue. Les savants modernes, par contre, ne trouvent rien incroyable puisqu'ils ne croient plus à un univers rationnel. Ils ne considèrent rien comme étant trop obscène puisqu'ils prétendent que la morale n'est que le sous-produit subjectif de situations physiques et économiques des hommes. Du point de vue de l'enfer, l'histoire de la terre commence maintenant. Il y a maintenant une chance réelle pour que l'homme tombé se débarrasse des limites qui ont été placées par pitié pour lui sur ses pouvoirs au moment de la chute. Et si cela réussit, l'enfer pourra enfin s'incarner. »

Il s'agit, à mon avis, des lignes les plus graves qui aient jamais été écrites au XXe siècle.

De terribles exemples nous ont montré que les idées de Lewis sont loin d'être du pur cauchemar.

Il me paraît, en tout cas, difficile de croire que l'on peut expliquer l'hitlérisme uniquement par les méthodes des philosophes et des savants tels qu'ils sont et que Lewis les décrit si bien dans *Cette force hideuse*. Voici sa description du savant moderne, du philosophe moderne, écrite bien avant le structuralisme :

« Il avait cessé de croire en la connaissance elle-même. Il était passé de Hegel à Hume, puis au pragmatisme, puis au positivisme logique et avait débouché à partir de là dans un vide complet. »

Il m'est difficile d'admettre que les horreurs que j'ai vues et subies puissent s'expliquer par ce vide complet. Il me paraît évident que derrière l'hitlérisme il y avait un pacte, il y avait, comme dit G.K. Chesterton : « Commerce avec l'ennemi ». Et la menace hitlérienne n'est pas la seule. D'autres orages s'élèvent. Il serait bon que Ransom revienne.

Urendi Maleldil.

Biobibliographie de C.S. Lewis :

Né en 1898 en Irlande. - Mort en 1963.
Profession principale : théologien.
Professions secondaires : écrivain pour enfants, polémiste, romancier.

Ouvrages traduits en français :

Le Silence de la terre, Hachette, 1960.
Le Silence de la terre, Perelandra, Cette force hideuse : un volume du Club du roman d'anticipation, 1966.

Bibliographie actualisée :

Romans et recueils :

Le Silence de la Terre, trad. Marguerite Faguer, Paris : Gallimard, 1952 (Le Rayon fantastique »).
— Paris : Retz, 1975 (« Chefs-d'œuvre de la science-fiction et du fantastique »).
— Paris : Nouvelles Éditions Oswald, 1981 (« Fantastique, science-fiction, aventures » 32).
Le Lion et la Sorcière blanche, trad. E. R. Blanchet, Paris : Hachette, 1952 (« Idéal bibliothèque »).
— Paris : Hachette, 1973 (« Bibliothèque rose »).
— nouvelle édition sous le titre *L'Armoire magique* (*Chroniques de Narnia* 1), trad. Anne-Marie Dalmais, Paris : Flammarion, 1980 (« Bibliothèque du chat perché »).
— Paris : Flammarion, 1989 (« Castor poche junior » 262).
Prince Caspian : Le Retour à Narnia, trad. E. R. Blanchet, Paris : Hachette, 1952 (« Idéal bibliothèque »).
— Paris : Hachette, 1973 (« Bibliothèque rose »).
— nouvelle édition sous le titre *Le Prince Caspian* (*Chroniques de Narnia* 2), trad. Anne-Marie Dalmais, Paris : Flammarion, 1982 (« Bibliothèque du chat perché »).
— Paris : Flammarion, 1993 (« Castor poche junior »).
Le Silence de la Terre, Voyage à Vénus, Cette Hideuse Puissance, trad. Marguerite Faguer et Frank Straschitz, Paris : Club du livre d'anticipation, 1967 (« Les Classiques de la science-fiction » 8).
Voyage à Vénus, trad. Frank Straschitz, Paris : Retz, 1976 (« Chefs-d'œuvre de la science-fiction et du fantastique »).
— Paris : Nouvelles Éditions Oswald, 1981 (« Fantastique, science-fiction, aventures » 33).
Cette Hideuse Puissance, trad. Frank Straschitz, Paris : Retz, 1976 (« Chefs-d'œuvre de la science-fiction et du fantastique »).
— Paris : Nouvelles Éditions Oswald, 1979 (« Fantastique, science-fiction, aventures »).

Le Fauteuil d'argent (*Chroniques de Narnia* 4), trad. Hélène Seyrès, Paris : Flammarion, 1984 (« Bibliothèque du chat perché »).

La Trilogie cosmique (Au-delà de la planète silencieuse, Perelandra, Cette Hideuse Puissance), trad. Maurice Le Pécheux, Lausanne : L'Âge d'homme, 1997 (« Au cœur du monde »).

Nouvelles :

« Le pays factice », trad. Roger Durand, *Fiction* n° 38, janvier 1957.

« Le contingent de secours », trad. Roger Durand, *Fiction* n° 58, septembre 1958.

Chapitre VIII

Stanislas Lem

ou

L'Avenir Impossible

Chapitre VIII
Stanilas Lem
ou
L'Avenir Impossible

Comme beaucoup d'humoristes, le journaliste polonais Stanislas[105] Lem est un sombre pessimiste. Son humour n'est pas grinçant et en voici un bon échantillon, la préface du *Journal des étoiles*[106] : « Personne ne m'ayant aidé à faire ce livre, je n'ai personne à remercier. Quant aux gens qui ont essayé de m'empêcher de rédiger cet ouvrage, ils sont trop nombreux pour être cités. » Mais sa vision de l'univers et du cosmos est noire. Nous allons voir cependant que c'est certainement un des écrivains de science-fiction les plus originaux et les plus intelligents de notre époque. Son œuvre combine les meilleures qualités de la science-fiction soviétique et de la science-fiction occidentale.

Stanislas Lem fait partie de la génération sacrifiée qui fut en grande partie massacrée par les nazis durant la guerre. Il participa à la Résistance et en tira son premier roman : *le Temps qui ne fut pas perdu*. Il fit alors des études de médecine, puis se consacra au journalisme, à la science-fiction et à l'essai philosophique et scientifique. Il semble n'avoir jamais cessé d'étudier. Sa culture est immense. Ses principaux livres sont :

— *Retour des étoiles* ;
— *Feu Vénus* (traduit en français chez Gallimard) ;
— *Le Nuage de Magellan*[107] ;
— *L'Invasion venue d'Aldébaran*[108] ;
— *Journal des étoiles* (traduit en français chez Denoël) ;
— *Le Livre des robots* (traduit en français chez Denoël)[109] ;
— *La Cybériade* (traduit en français chez Denoël) ;
— *Solaris* (traduit en français chez Denoël) ;
— *Edem*[110] ;
— *L'Invincible* ;
— *La Formule du professeur Limvater*.

Je pense ne pas en oublier. Je me suis renseigné de mon mieux et j'ai lu tous les ouvrages cités plus haut dans le texte. Mais il est fort difficile d'obtenir de Pologne des renseignements précis. Peut-être existe-t-il encore d'autres romans ou recueils de nouvelles de Stanislas Lem qui m'auraient échappé. Je sais, en tout cas, qu'il existe un recueil d'essais dont j'ai lu des fragments dans des revues. Je sais aussi que la science-fiction n'est pas une nouveauté en Pologne qui a eu au moins deux grands écrivains de ce genre avant la guerre : Yerzy Zulawski et Antony Slonomski. L'œuvre de Stanislas Lem se distingue de la leur et de la science-fiction en général par un pessimisme philosophique fondamental. Voici ce dont il s'agit :

Il existe à la frontière de la science ce que J. Robert Oppenheimer a appelé : « L'agonie permanente de l'esprit humain. » Confronté avec l'inconnu, l'esprit humain se demande à chaque coup s'il comprendra. Et il finit toujours par comprendre. L'agonie se termine par la joie, une explication finit par sortir du chaos des faits : l'univers est et reste compréhensible. Pour citer l'écrivain français Maurice Leblanc (qui fut aussi un grand écrivain de science-fiction), « l'horizon s'ouvrait à l'envers de la matière, les ténèbres fabriquaient de la clarté. » C'est ce qui est toujours arrivé, mais ce n'est pas le cas dans les romans de Lem. Nous nous heurtons à l'incompréhensible. L'univers est trop compliqué pour que nous puissions le saisir. Il y a des frontières à notre imagination, que les personnages de Lem ne peuvent franchir et c'est là la pire tragédie, le pire malheur qui puisse arriver. C'est ce que Stanislas Lem parvient à décrire avec une rigueur scientifique intégrale, un admirable sens du détail et un profond sentiment de pitié. Comment une telle faillite de l'esprit humain est-elle possible ? Prenons un exemple dans un ouvrage que l'on peut trouver en français : *Solaris*.

Lem commence en partant des données solides que l'on possède actuellement sur la naissance de la vie. D'après la science moderne, la vie est née dans les océans. Il s'est formé d'abord ce que le grand biologiste J.B.S. Haldane appelle une « soupe prévivante ». Dans un océan, des gouttelettes de matière prêtes à vivre ont formé des colloïdes, des coacervats, puis des cellules. Lem imagine sur la planète Solaris tournant autour de notre soleil des coacervats qui n'ont pas formé des cellules. Tout l'océan recouvrant la planète est devenu vivant : des milliers de milliards de tonnes de vie faisant un seul bloc !

Cet océan vivant nous est supérieur comme nous le sommes aux virus. On s'aperçoit de son existence parce que la planète corrige automatiquement sa trajectoire autour de son soleil, de façon à recueillir un maximum d'énergie. On envoie une expédition, puis on installe des satellites artificiels. Des deux côtés, de celui de la planète intelligente et de celui des hommes, il y a une grande bonne volonté pour communiquer. Mais la différence de mentalité est trop grande. Et c'est une agonie pour l'esprit humain, une agonie qui dure depuis des siècles, une agonie qui durera peut-être éternellement, car il est possible que l'humanité ne comprenne jamais...

L'océan intelligent possède visiblement non seulement une autre intelligence, mais des moyens techniques internes supérieurs à ceux de la vie telle que nous la connaissons. Il reproduit les instruments qu'on y plonge, il reproduit même des êtres humains. Mais ces activités qui sont visiblement des signaux aussi bien que les activités non destinées aux hommes restent incompréhensibles. Des portions de l'océan assument des formes, deviennent des constructions, selon des lois impossibles à comprendre. S'agit-il d'art ? de mathématiques ? de jeu ? d'une forme d'activité intellectuelle entièrement incompréhensible ? Personne ne sait et peut-être personne ne saura jamais.

Au moment où se passe l'action du livre, des milliers de livres ont déjà été écrits sur l'océan intelligent de la planète Solaris. Des livres optimistes proposant des moyens de communication, des livres pessimistes prédisant que l'on ne comprendra jamais. Car la tragédie est dans le fait qu'aucune action précise, fût-ce le lancement d'une bombe à hydrogène dans l'océan intelligent, n'évoque une réponse dont on puisse être sûr qu'elle constitue une tentative de communication. Tout se passe comme si des fourmis essayaient de communiquer avec un homme, le mordaient finalement et que l'homme se mette à se gratter, mais pas à l'endroit où les fourmis l'ont mordu, et sans que les malheureuses fourmis puissent savoir si ce geste a un rapport quelconque avec leurs actions. C'est une tragédie scientifique, un nouveau genre de tragédie que le grand public n'avait entrevu jusqu'à présent que dans certaines confidences de savants de pointe et dont il peut prendre connaissance maintenant grâce à Stanislas Lem. Il s'agit donc d'une forme d'écriture profondément originale, utilisant les ressources de la science-fiction, mais avec une forme d'angoisse qu'on ne trouvait jusqu'à présent ni dans la science-fiction ni dans les romans ordinaires. Une angoisse à la mesure de notre temps. Une angoisse que, personnellement, je ne partage pas, ce qui ne m'empêche pas d'admirer profondément Stanislas Lem.

Citons quelques autres thèmes de Lem (par une coïncidence singulière, ce nom est aussi celui de la machine qui, au moment où j'écris ce livre, se prépare à débarquer les premiers hommes dans la Lune, mais là, Lem veut dire Lunar Experimental Module) : le roman *L'Invincible* est l'aventure du vaisseau galactique qui porte ce nom. Ce vaisseau a été ainsi nommé parce qu'il représente le savoir et le pouvoir de l'espèce humaine. Il peut aller plus vite que la lumière. Son armement pourrait volatiliser une planète. Ses moyens d'action sont pratiquement illimités. Et pourtant, un navire galactique a disparu sur la planète que l'*Invincible* va explorer sans laisser de traces, sans transmettre un signal. L'*Invincible* commence donc à poursuivre prudemment l'exploration de la planète inconnue. Ce qu'il découvre est surprenant et unique : il y a des millions d'années, un navire d'une autre civilisation, transportant une cargaison de machines, s'est écrasé sur cette planète. Il s'agissait de machines homéostatiques, c'est-à-dire s'adaptant à une situation. Il y eut conflit entre ces machines, puis évolution. Et le résultat de cette évolution mécanique est une espèce de mouche cybernétique se reproduisant automatiquement et pouvant détruire l'information chez les machines concurrentes. Mais l'homme aussi est une machine. Si l'on enlève toute information de son cerveau, il ne peut plus faire les gestes simples nécessaires à la survie et il meurt rapidement. C'est ce qui est arrivé à l'équipage du navire qui a précédé l'*Invincible*. C'est ce qui arrive à une partie de l'équipage de l'*Invincible*. Les mouches cybernétiques ne sont pas vivantes, mais elles n'en constituent pas moins un adversaire que l'*Invincible* ne peut pas vaincre. A cause de ces mouches, cette planète possède non pas une biosphère au sens de Teilhard de Chardin, mais une « nécrosphère ».

Les survivants de l'*Invincible* décident alors de venger les victimes, de quitter la planète et de la détruire à distance par une super-bombe. Un des savants demande cependant de passer une dernière nuit sur la planète sous la protection d'une cage métallique qui empêche la fuite de l'information de son cerveau. Et il voit la nuit deux nuages de mouches cybernétiques se faisant face. Entre ces nuages, jaillissent des éclairs et, brusquement, le savant comprend quelque chose d'incompréhensible ou plus exactement sent qu'il a atteint une frontière. Son cœur et non plus sa raison, lui apprend que bien que ces êtres qu'il a vus ne sont pas vivants, ils éprouvent cependant un sentiment religieux. Ce qu'il a vu est un sacrement. L'univers n'est pas fait pour l'homme, mais celui-ci n'a pas le droit de détruire ce qu'il ne comprend pas : il y aurait péché contre l'esprit. Quand ce témoin a fait son récit, les autres savants comprennent et approuvent. La planète ne sera pas détruite. L'*Invincible*, vaincu, s'en ira. Une frontière a été atteinte : l'homme n'ira pas plus loin. Comment des machines sans âme peuvent-elles prier ? Et à qui s'adressent leurs prières ? Personne ne comprendra jamais. La science matérialiste a atteint sa limite et, pour Stanislas Lem, il n'y a pas autre chose que le matérialisme. Et l'ouvrage s'achève sur ce désespoir raisonnable.

Autre exemple encore, la nouvelle *La Vérité*. C'est le récit d'un savant travaillant sur la libération de l'énergie H. C'est en effet un des grands problèmes actuels de la science. On cherche à emprisonner la terrible énergie de la bombe H dans des cages de champ magnétique. Aucune prison matérielle ne peut contenir de la matière à mille millions de degrés, mais le champ magnétique le peut. Lem décrit admirablement et avec une exactitude scientifique totale l'atmosphère de ces recherches ; mais son groupe de savants fait une découverte terrible et stupéfiante. Avec un appareil de leur invention permettant la photographie à très grande vitesse, ils obtiennent des images de la matière en train de brûler en libérant l'énergie thermonucléaire avant que ces nuages de plasma, pour employer le terme technique, ne se dissipent. Et les images qu'ils obtiennent sont celles des êtres vivants à une seule cellule, amibes et paramécies ! et ils comprennent alors la terrible vérité : le soleil est vivant, les étoiles sont vivantes mais nous-mêmes, par contre, ne sommes pas vraiment vivants ! La *vraie* vie est la vie à très haute température dans le plasma incandescent. Nous sommes, nous, de la matière presque morte et rien de ce que nous pouvons faire n'a aucune importance. Les savants essaient d'annoncer la vérité. On les enferme très vite. Et dans leur prison, ils continuent à écrire la vérité, tout en sachant très bien que tout ce qu'ils écrivent sera détruit au fur et à mesure. Une fois de plus, la connaissance amène le désespoir. Je n'ai pas l'honneur de connaître personnellement Stanislas Lem. Si jamais je le rencontre, je lui dirais, à propos de cette nouvelle particulière, que les alchimistes sont passés par là et qu'ils ont espéré et peut-être réussi à régénérer notre matière morte et notre chair morte par le feu. Après quoi, Lem me prendra probablement pour un fou, tant la différence entre son matérialisme de marxisme classique et ma conception d'un réalisme fantastique va loin. Un autre exemple encore, une nouvelle intitulée *Le Professeur T...* . Personnellement, je trouve cette nouvelle proprement effrayante. Elle part pourtant d'un fait technique bien commun : l'enregistrement sur bandes magnétiques. On enregistre le son, les images et pourquoi pas la conscience ? Si on enregistrait la conscience sur bandes magnétiques avec des circuits permettant de recevoir sur la bande et émettre à partir de la bande des impulsions électriques, cette conscience croirait qu'elle est vivante et qu'elle vit dans un univers. *Le Professeur T...* prouve que nous sommes des enregistrements sur bandes magnétiques et non pas de vrais vivants ! Cette preuve, tout à fait irréfutable, est fondée sur les phénomènes parapsychologiques. Lorsqu'il y a télépathie entre deux consciences, c'est qu'il y a court-circuit entre les deux bandes magnétiques qui les portent. Lorsqu'il y a prémonition, c'est-à-dire lorsqu'une conscience prévoit l'avenir, c'est que le dispositif d'entraînement de la bande glisse et la tête lectrice se porte en avant de l'endroit qu'elle devait lire normalement. Et ainsi de suite. *Le Professeur T...* arrive ainsi non seulement à démontrer qu'il est une bande magnétique, mais encore à déduire la vitesse d'entraînement et le mécanisme employé. Il y a quelque chose de diabolique dans cette nouvelle. Car Lem utilise les preuves que l'on donne habituellement de l'existence d'une âme ou d'un esprit : télépathie, clairvoyance, prémonition, pour prouver qu'au contraire nous ne sommes même pas les machines automatiques de la psychologie du comportement mais des enregistrements sans réalité physique sur une bande magnétique. J'ai raconté cette nouvelle plus d'une fois. Elle fait peur aux gens « normaux ». Elle provoque par contre un grand enthousiasme chez les rationalistes endurcis.

Comme je l'ai dit plus haut, je n'ai jamais rencontré Lem. Je ne me propose donc pas de faire son analyse psychologique à distance. Je pense cependant que ce serait faire de l'anticommunisme sordide et stupide que d'attribuer la mentalité de Lem au régime politique de la Pologne. Le régime stalinien, plus dur pourtant, a donné naissance à des écrivains autrement optimistes. Et Oppenheimer, qui avait les mêmes idées, vivait en Amérique.

Non, le problème est autrement plus grave. Il s'agit au fond des limites de la condition humaine. Ces limites, je les place personnellement beaucoup plus loin que Lem. Je pense que nous utilisons à peine la dixième partie de notre cerveau et que nous ne risquons pas d'atteindre les bornes dans un avenir prévisible. Quelqu'un d'autre que nous : machine intelligente, être supérieur à l'homme, arrivera-t-il à franchir ces bornes ? Lem touche quelquefois à ces questions, mais d'une façon que je trouve timide : il détruit la machine super-intelligente ou le nouvel être crée avant que ceux-ci puissent donner leur mesure.

La nouvelle *La Formule du professeur Limvater* propose un être nouveau tout à fait original, fabriqué à partir de matériaux autres que le carbone, comprenant tout l'univers et que son créateur détruit. Le créateur en question, le professeur Limvater, est d'ailleurs persuadé que son invention sera faite à nouveau et que nos successeurs, les successeurs de la vie, viendront. Cette nouvelle montre la prodigieuse, la presque inhumaine culture de Lem, qui va de l'entomologie aux plus hautes mathématiques sans aucune fausse note, sans aucun trait primaire. Ce court récit d'une cinquantaine de pages contient autant d'idées qu'une quinzaine de romans de science-fiction normaux. Et là aussi, la fin est pessimiste. Même si la super-vie inventée par le professeur Limvater triomphe un jour, cela ne nous servira à rien, nous ne comprendrons pas plus ce qu'elle peut nous apporter que l'huître ne peut apprendre à jouer du violon.

Jamais l'espèce humaine n'a été traitée aussi durement. Le critique anglais Edmund Crispin a pu écrire que la science-fiction n'est pas humaniste. Il n'a peut-être pas raison en général, mais il a très largement raison en ce qui concerne Lem : celui-ci n'est certainement pas un humaniste. On a aussi beaucoup accusé la science-fiction d'infantilisme : ceux qui ont proféré cette accusation ne connaissent pas Lem, car celui-ci est certainement un adulte.

Bien entendu, toute l'œuvre de Lem n'a pas la tragique grandeur des ouvrages que je viens de citer.

Il y a des textes où il s'amuse simplement. Il a également écrit des textes fort valables, par exemple *Feu Vénus*, ou *Les Nuages de Magellan* où, visiblement, on lui a recommandé de faire du réalisme socialiste et de décrire un avenir meilleur. Même alors, l'énorme étendue de ses connaissances scientifiques et son ingéniosité font de ces œuvres de très bons romans de science-fiction, mais sans plus.

Cependant, dès qu'on laisse à Lem un peu de liberté, le pessimisme resurgit, même lorsqu'il ne s'agit pas des frontières de la pensée. Comme dans cette extraordinaire nouvelle : *Ténèbre et moisissure* [111], où naissent des microbes d'un genre nouveau qui sécrètent de l'antimatière. Et l'antimatière explose au contact de la matière en brûlant tout... On peut voir une allégorie et on peut également voir là un pessimisme profond : la science, comme la société, sont-elles condamnées à sécréter ce qui les détruit ? C'est une nouvelle à laquelle je pense souvent, notamment à propos du gauchisme.

Mais c'est surtout pour ses œuvres philosophiques, romans et nouvelles, que Lem restera célèbre. Mon désaccord avec lui reste profond. Je relis quelquefois comme antidote des œuvres comme *Waldo*, de Robert Heinlein, dont la thèse est qu'il faut non pas comprendre l'univers, mais l'inventer, ou encore *Inventons le futur*, de Dennis Gabor, qui affirme qu'il faut inventer l'avenir et non le prédire.

Tout cela n'empêche pas que le problème de Lem soit un problème très profond et qu'il faut reprendre, en commençant par le début, ce que Lem ne peut malheureusement pas faire étant donné le climat de matérialisme primaire dans lequel il vit. Voici donc comment, à mon avis, la question se présente :

Ceux qui ont découvert les premiers secrets de la nature n'avaient aucun doute sur une correspondance certaine et précise entre l'homme et l'univers. Les alchimistes disaient : « Ce qui est en haut est comme ce qui est en bas. » Les kabbalistes parlaient d'un microcosme humain reflétant le macrocosme universel. Les derniers magiciens des XVIe, XVIIe et XVIIIe siècles parlaient de la doctrine des signatures.

Le rationalisme du XIXe siècle a rejeté tout cela. Il l'a remplacé par un postulat qu'en 1969 on pourrait formuler comme suit : le cerveau contient un calculateur analogique pouvant construire dans ses circuits un modèle de l'univers qui se laisse ensuite interpréter et qui fait que l'univers pourra toujours être compris.

Ce postulat n'est jamais formulé aussi nettement. Mais il est toujours présent à l'esprit du savant et il constitue sa raison de vivre. Lorsque le Centre européen de recherches nucléaires demande des milliards de francs lourds pour des recherches sans aucune portée pratique, c'est en vertu de ce postulat. On pense que si, à l'aide de machines extrêmement coûteuses, on fournit au cerveau humain suffisamment de données sur les particules ultimes de la matière, ce cerveau humain pourra alors comprendre la matière et, à partir de la matière, tout le reste.

De même, lorsque les savants demandent des crédits pour installer sur la Lune un radio-télescope permettant de recevoir des signaux des intelligences extra-terrestres, personne ne doute que ces signaux ne soient finalement déchiffrés.

De même que les savants ne doutent pas, ils finiront par comprendre le langage des dauphins et, plus tard, celui des fourmis et des abeilles. Toujours le même postulat — que je partage — : le cerveau humain est une machine qui peut déchiffrer tout l'univers, tout comprendre, à condition d'avoir assez de données. Il faudra peut-être l'aide des ordinateurs pour comprendre ces données, pour les rassembler et les interpréter, mais la victoire finale est assurée.

Sous une autre forme encore, c'est le postulat d'Edgar Poe, disant que tout message en code inconnu peut être décrypté et mis au clair. Par extension de ce postulat (extension que l'on trouvera dans *Eurêka*, de Poe), l'univers lui-même est un gigantesque message chiffré, mais l'esprit humain peut le comprendre.

Lem est, à ma connaissance, le premier écrivain de science-fiction à rejeter ce postulat. Par contre, des philosophes l'ont fait avant lui et cela ne leur a pas réussi. Le cas le plus célèbre est celui d'Auguste Comte, qui posa des barrières très précises à l'esprit humain. Il affirma en particulier que l'on ne connaîtrait jamais la composition chimique des étoiles. L'invention du spectroscope a montré bien vite qu'il avait très largement tort. On analyse maintenant couramment non seulement les étoiles, mais encore le gaz intergalactique dont Auguste Comte ne soupçonnait même pas l'existence.

Plus tard, dans les dix dernières années, on découvrait que le code génétique qui détermine notre corps et notre esprit est présent *dans toutes nos cellules*. On peut imaginer par extension que le code universel composé de quelques lois fondamentales de l'univers est d'une façon analogue inscrit dans tous les esprits et permet par conséquent la compréhension de l'univers.

Lem rejette systématiquement toute idée de ce genre. Son œuvre est l'aboutissement logique de l'abaissement de l'homme commencé depuis que la science expérimentale existe.

On a successivement montré que la terre n'est pas le centre de l'univers, que l'homme est un animal parmi les animaux, qu'il agit souvent sous l'effet de motivations inconscientes aussi bêtes que méchantes, qu'il ne survit peut-être pas à la destruction de son corps. Et voici qu'arrive Lem, qui détruit ce qui restait encore de l'édifice humain, en montrant que notre pensée n'est pas la vraie pensée et que nous ne comprendrons jamais l'univers. Et il le fait non pas sous forme de volumes philosophiques imprimés à quinze exemplaires, mais sous forme de romans passionnants dont le tirage global atteint des millions d'exemplaires en un grand nombre de langues.

Le message de Lem portera donc. Je ne doute pas que si C.S. Lewis avait connu Lem, il aurait vu en lui un émissaire de l'Eldil tordu cherchant à démoraliser l'humanité.

Une fois de plus, les choses ne sont pas si simples. Je pense que Lem est sincère et qu'il souffre réellement. Et c'est cette souffrance qui fait que ses personnages sont des êtres vivants avec qui on sympathise et dont on a pitié et non pas les petits bonshommes écrasés de Wells et de Lovecraft.

Lem, comme le professeur Jacques Monod, prix Nobel français, comme le professeur Pierre Auger et comme beaucoup d'autres esprits, doit penser que les bornes de l'imagination sont très proches et il en souffre. Il ne tire aucune joie de l'aspect féerique et fantastique de l'univers. Il n'a pas du tout la mentalité du biologiste anglais J.B.S. Haldane (pourtant matérialiste et marxiste) qui disait : « Je collectionne ce qui est réellement bizarre en chimie physique et je ne le néglige pas ailleurs. »

Et qui ajoutait : « L'univers est non seulement plus bizarre que nous ne le pensons, il est encore plus bizarre que tout ce que nous pouvons imaginer. »[112]

Ce qui était une joie pour J.B.S. Haldane, était une terreur pour H.P. Lovecraft.

Celui-ci croyait qu'en rapprochant des faits peu connus on pourrait apprendre toute la vérité sur l'univers. Mais il croyait que cette vérité est tellement épouvantable qu'elle nous détruirait[113].

Je pense que Lem préférerait une vérité, même épouvantable, à l'ignorance et à l'incompréhension qui, d'après lui, sont notre sort. Il souffre de cette ignorance et de cette incompréhension comme s'il s'agissait d'un défi personnel. A ce point de vue, la nouvelle *L'Invasion venue d'Aldébaran*, qui donne son titre au recueil de nouvelles qui la contient, est très significative. Les envahisseurs venus d'Aldébaran ne cherchent pas à conquérir la terre. Ils ne sont pas les Martiens ravageurs de Wells. Mais ce qu'il y a d'effrayant, c'est qu'on ne sait pas ce qu'ils sont venus faire ni pourquoi ils sont repartis. Ils n'ont pas mis le feu aux villes terrestres avec des rayons, mais ils ont brisé l'orgueil de l'esprit humain peut-être à jamais. La nouvelle porte. C'est un petit chef-d'œuvre d'écriture et de composition. La pensée socialiste l'a présentée comme étant une simple critique de la science-fiction américaine, mais en réalité elle va beaucoup plus loin. Et elle se termine sur une note de désespoir.

À propos de cette nouvelle particulière, on pourrait probablement opposer à Lem l'existence des religions et le fait que les gens religieux vivent avec l'incompréhensible, sachant qu'ils ne comprendront jamais : « Je crois parce que c'est absurde ». Lem n'accepterait pas l'objection, car il dirait que la religion est une invention des classes possédantes pour défendre leurs biens. Personnellement, je pense que, même si on n'admet pas la présentation de l'idée marxiste de religions, l'objection n'est pas valable. Car un croyant est convaincu qu'il survivra après sa mort et que tout lui sera alors révélé. Tandis que pour le matérialiste, si nous ne comprenons pas durant cette vie, nous ne comprendrons jamais. Et, dans ces conditions, quelle est le sens de la vie ? Lem n'ose pas prétendre qu'il n'y en a pas, car alors pourquoi construire la société socialiste ?

Mais il rejoint l'accord de ceux qui doutent, pour qui tout est absurde. Il écrit mieux que la plupart d'entre eux et connaît davantage la science. C'est pourquoi son œuvre mérite les plus profondes réflexions.

Sur le plan du récit et de l'invention littéraire, c'est justement son attitude qui fait l'extrême originalité de son œuvre. Lem est un grand auteur de science-fiction, mais il n'est jamais didactique ni vulgaire.

Il arrive à mêler l'aventure interplanétaire ou temporelle avec les grandes aventures de l'esprit, à faire des romans où des personnages humains se trouvent dans des situations totalement originales telles que jamais l'homme ne les a connues. Son œuvre a la fraîcheur des premiers romans de science-fiction et leur originalité. C'est pour cela qu'il ne ressemble à aucun autre auteur du genre. Il est regrettable que sur les quatre livres de Lem qu'on ait traduits en français, deux (*La Cybériade* et *Le Livre des robots*) soient des ouvrages où il se moque de lui-même et du lecteur. Seul *Solaris* donne l'idée de son immense talent. *Feu Vénus* est une bonne aventure interplanétaire avec une planète Vénus à température élevée, conformément aux derniers résultats des sondes qui ont atteint cette planète. Les explorateurs trouvent donc un paysage de cauchemar : une planète en plastique naturel sur lequel poussent des arbres d'aluminium et, dans ce paysage, les ruines d'une civilisation qui se détruit par la guerre atomique. C'est aussi bon que les meilleurs « opéras de l'espace » américains, mais cela ne donne pas du tout l'idée de la qualité et de la profondeur de l'œuvre de Lem.

Il serait à souhaiter que l'on traduise par exemple *L'Invincible*.

Il me reste à parler d'une série de phénomènes qui, s'ils ne sont pas illusoires, montrent l'irruption dans notre monde réel d'une surréalité échappée des livres de Lem.

Je veux dire le phénomène des « objets volants non identifiés » que l'on appelle encore des « soucoupes volantes ».

Je pense personnellement que ces apparitions sont inventées au fur et à mesure par les soi-disant témoins et qu'il ne faut donc pas y chercher un ensemble de faits pas plus qu'on en cherche dans d'autres manifestations spontanées de la fantaisie comme les contes de fées ou les rêves.

Cependant, il existe des chercheurs parfaitement sincères et honnêtes — mon ami Aimé Michel en est un exemple — qui estiment que le phénomène des « objets volants non identifiés » correspond à une réalité.

Or, ces chercheurs ont d'abord entrevu des explications correspondant à une extrapolation de la logique scientifique. Ils ont par exemple supposé que les apparitions en question étaient des navires interplanétaires ou interstellaires en provenance d'autres planètes. Ils ont aussi recherché des régularités par exemple des lignes droites reliant les points d'apparition, ce qui tendrait à prouver que la Terre est explorée méthodiquement. Or, je constate que les chercheurs sincères ont maintenant abandonné ces explications. Les régularités que l'on a cru constater ne résistent pas à une vérification par ordinateur. Les apparitions se déplacent d'un point à un autre sans passer par les points intermédiaires. Leur forme change, leurs activités ne correspondent à rien. Et de plus en plus les chercheurs que je rencontre manifestent un désespoir tout à fait semblable à celui des personnages de Stanislas Lem. Leurs études leur donnent de plus en plus l'impression que le phénomène des « soucoupes volantes » est contemporain de l'histoire et peut être antérieur à l'histoire, qu'il n'a été jamais compris et qu'il ne sera jamais élucidé. Et ce désespoir est tellement contagieux que des gouvernements ont pris des mesures à l'échelon le plus élevé. Le gouvernement soviétique a interdit la recherche sur les soucoupes volantes. Le gouvernement américain a financé largement un rapport rassurant et dont on savait au départ, avant même la constitution de la commission d'enquête, qu'il serait rassurant. Mais il a calmé l'opinion publique qui commençait à s'affoler et l'opinion scientifique qu'une certaine peur commençait à gagner.

Quant aux chercheurs, ils se comportent exactement comme les savants dans les récits de Stanislas Lem. Confrontés avec l'incompréhensible, ils ont fini par abandonner toutes les hypothèses qui ont été émises (et Dieu sait s'il y en a eu !) pour se consacrer uniquement à la collection des faits, si aberrants qu'ils puissent paraître.

Personnellement, je préfère en rester à ma position et rejeter l'existence même de ces faits comme étant des mensonges pathologiques ou intéressés, d'autant plus qu'il n'y a pas de bonnes photos.

Et pourtant, si quelques-uns au moins de ces chercheurs sincères avaient raison ? Il faudrait alors admettre que Stanislas Lem s'est montré prophète de malheur, mais bon prophète.

Biobibliographie de Stanislas Lem :

Né en Pologne, participe à la Résistance, fait des études de médecine.
Profession principale : journaliste.
Profession secondaire : romancier.

Ouvrages traduits en français :

Feu Vénus, Gallimard, 1960.
Solaris, Denoël, 1966.
Le Livre des robots, Denoël, 1967.
La Cybériade, Denoël, 1968.

Bibliographie actualisée

Feu Vénus, trad. Alexandre Guthart, Paris : Hachette, s. d. [1962] (« Le Rayon fantastique » 93).
Le Bréviaire des robots, trad. Halina Sadowska, Paris : Denoël, 1966 (« Présence du futur » 96).
— Paris : Gallimard, 1981 (« Folio junior – science-fiction » 174).
La Cybériade, trad. Lucie Makowski, Paris : Denoël, 1968 (« Présence du futur » 109).
Solaris, trad. Jean-Michel Jasienko, Lausanne-Paris : Rencontre, 1970 (« Chefs-d'œuvre de la science-fiction »).
— Paris : Culture-art-loisirs, 1974 (« Les chefs-d'œuvre de la science-fiction et du fantastique »).
— Paris : Denoël, 1966 (« Présence du futur » 90).
Eden, trad. Édouard et Edwige Pomorski, Verviers (Belgique) : Marabout, 1972 (« Bibliothèque Marabout science-fiction » 409).
L'Invincible, trad. Anna Posner, Paris : Robert Laffont, 1972 (« Ailleurs et Demain »).
— Paris : Presses Pocket, 1977 (« science-fiction » 5010).
Mémoires trouvés dans une baignoire, trad. Dominique Sila et Anna Labedzka, Paris : Calmann-Lévy, 1975 («Dimensions SF »).
— Paris : Le Livre de poche, 1978 (7025).
— Paris : Presses Pocket, 1986 (« science-fiction » 5230).
Le Congrès de futurologie, trad. Dominique Sila et Anna Labedzka, Paris : Calmann-Lévy, 1976 (« Dimensions SF »).
— Paris : J'ai lu, 1984 (« J'ai lu SF » 1739).
— Paris : Presses Pocket, 1990 (« science-fiction » 5398).
Mémoires d'Ijon Tichy, trad. Dominique Sila, Paris : Calmann-Lévy, 1977 (« Dimensions SF »).
— Paris : Presses Pocket, 1989 (« science-fiction » 5337).
— Paris : J'ai lu, 1996 (« J'ai lu SF » 4221).
La Voix du maître, trad. Anna Posner, Paris : Denoël, 1976 (« Présence du futur» 211).

Le Rhume, trad. Dominique Sila, Paris : Calmann-Lévy, 1978 (« Dimensions SF»).
— Paris : Presses Pocket, 1987 (« science-fiction» 5251).
Retour des étoiles, trad. Michel de Wieyska, Paris : Denoël, 1979 (« Présence du futur » 288).
Les Voyages électriques d'Ijon Tichy, trad. Dominique Sila, Paris : Denoël, 1980 (« Présence du futur » 311).
Contes inoxydables, trad. Dominique Sila, Paris : Denoël, 1981 (« Présence du futur » 330).
Le Masque, trad. Laurence Dyèvre, Paris : Calmann-Lévy, 1983 (« Dimensions SF »).
— Paris : Presses Pocket, 1988 (« science-fiction » 5294).
Nouvelles Aventures d'Ijon Tichy, trad. Laurence Dyèvre, Paris : Calmann-Lévy, 1986 (« Dimensions SF »).
Fiasco, trad. Roger Lanquetin, Paris : Calmann-Lévy, 1988 (« Dimensions SF »).
Provocation suivi de *Réflexions sur ma vie*, trad. Dominique Sila, Paris : Le Seuil, 1989.
Bibliothèque du XXIe siècle – Nouvelles fantastiques, trad. Dominique Sila, Paris : Le Seuil, 1989.

Chapitre IX

Robert E. Howard
ou
Le Phénix sur l'Épée

Chapitre IX
Robert E. Howard
ou
Le Phénix sur l'Épée

Il n'y avait jamais eu de poète à Cross Plains, petite ville du Texas. À vrai dire, cette petite ville de 1200 habitants n'avait jamais produit d'écrivain. Et brusquement, à partir de 1927, un jeune homme appelé Robert Ervin Howard, né en 1909 à Peaster dans le Texas, se lança dans la carrière d'écrivain. Il devint une célébrité locale, car il gagnait plus d'argent que le banquier du pays... Ce jeune homme s'était mis soudain à écrire d'une façon impériale, comme un prince s'adressant à un autre prince. En voici un exemple : « Sache, prince, qu'entre l'époque où les océans burent l'Atlantide et les cités étincelantes, et l'époque où sont venus les Aryens, il y eut un âge dont on n'ose plus rêver. » C'est dans cet âge imaginaire, dans cette sorte d'histoire parallèle, que Howard place des récits extraordinaires, mélange de prose et de vers et d'une grande beauté.

On peut dire peu de choses sur sa vie. Il ressemblait au cow-boy des westerns : grand, près de cent kilos de muscles. Avant d'être étudiant, il avait été ouvrier dans des puits de pétrole, garçon dans un drugstore et autres métiers. En 1937, voyant sa mère sur le point de mourir, il se suicida. Son œuvre était surtout parue dans l'étonnante revue *Weird Tales*. En 1950, il commença à être réédité, cette fois-ci en volumes. Des manuscrits inachevés furent complétés par l'écrivain scientifique L. Sprague De Camp, par le romancier Lin Carter, par un officier suédois Bjorn Nyberg. Puis l'ensemble de l'œuvre fut édité en poche par Lancer Books. Le succès fut immense et continue encore. Il est largement mérité : il s'agit d'une œuvre très étonnante, très belle, enrichie encore par les vers qui l'accompagnent. Sa popularité précéda et causa peut-être la popularité de l'œuvre de Tolkien.

Howard est totalement inconnu en France, à part une nouvelle, *Le Phénix sur l'épée*, que j'ai traduite en français pour *Planète*, et une autre, traduite dans *Fiction*.

L'œuvre de Howard se compose de plusieurs cycles. Le cycle le plus important est celui du roi barbare Conan, qui se compose de trente-cinq textes dont deux romans et des nouvelles plus ou moins longues. L'originalité de cette épopée est qu'elle se place dans une histoire tout à fait imaginaire inventée par l'auteur dans les plus grands détails et qu'il a appelé lui-même l'âge hyborien.

Cette époque imaginaire se situe il y a douze mille ans environ, entre la fin de l'Atlantide et les migrations qui ont amené les Aryens en Europe. Peu avant la mort de Howard, le chimiste John D. Clark (qui inventa les sulfamides) et l'écrivain de science-fiction P. Schuyler Miller s'enthousiasmèrent pour l'époque hyborienne et se mirent à correspondre avec Howard. Celui-ci leur envoya des textes que je vais citer et des cartes qui paraissent avec la plupart des éditions de Howard. Voilà comment se présente le monde de l'ère hyborienne d'après son auteur :

« Les chroniques interdites disent peu de chose sur l'époque avant le cataclysme. L'histoire connue commence par les royaumes de Kamelia, Valusia, Verulia, Grondar, Thulé et Commoria.

Tels étaient les civilisés : les barbares de l'époque étaient les Picts, qui vivaient dans des îles de l'océan occidental, les Atlantes, qui habitaient un petit continent entre les îles pictes et le principal continent humain et les Lémuriens, qui habitaient l'autre hémisphère. Une grande partie de la terre était inconnue. Dans le sud lointain, il y avait une civilisation non humaine. Une civilisation humaine mais mystérieuse et refusant de prendre contact avec les autres se trouvait sur un continent inconnu à l'est des îles lémuriennes. Puis le cataclysme secoua le monde. L'Atlantide et la Lémurie coulèrent. La civilisation mit des années à se reformer. Vers le nord, des tribus formèrent la nation hyborienne. Leur dieu était Bori, représentation du roi qui les avait amenés vers le nord au temps du cataclysme. Au sud, les Lémuriens fondèrent deux royaumes : la Stygie et l'Achéron. Des millénaires plus tard, les Hyboriens se civilisant fondèrent les royaumes d'Aquilonia, de Nemedia, Brythunia, Hyperborea, Koth, Ophir, Argos, Corinthia. Le plus puissant de ces royaumes du temps de Conan est le royaume d'Aquilon qui domine l'occident. Seul résiste à sa domination l'empire du Nordheim, du côté du cercle polaire arctique séparé en royaumes de Vanaheim et d'Asgard.

Au-delà de ces royaumes, règnent les barbares cimmériens. »

C'est parmi ces barbares que naîtra le futur roi Conan. Esclave d'abord, bandit, mercenaire, pirate, il deviendra finalement roi d'Aquilon. Son épopée est une épopée de sang, de violence et de magie. Car à l'âge hyborien, la science n'est que peu développée mais la magie est en pleine forme et les magiciens sont plus puissants que les rois. Ce monde était absolument réel pour Howard à tel point que L. Sprague De Camp a pu écrire un livre, *The Conan Reader*, étudiant le monde de Conan comme on étudierait les Hittites ou les Sumuriens[114]. Sprague De Camp, qui est un brillant historien des sciences, arrive même à consacrer dans ce livre un essai à la technologie de l'ère hyborienne. Cet essai commence par une forte parole : « L'invention d'un monde n'est pas aussi simple qu'elle en a l'air », et il explique très justement qu'il serait cohérent d'inventer un monde d'Aztèques avec la roue parce que les Aztèques étaient sur le point de l'inventer, mais qu'il serait incohérent d'inventer un monde aztèque avec des machines volantes. De Camp conclut finalement que sur le plan des techniques, on peut comparer le monde des Hyboriens à l'empire byzantin ou au Kalifat, avec peut-être quelques perfectionnements en matières d'armures et de navires à voiles le rapprochant du Moyen-Âge. De Camp fait très justement observer qu'il n'est pas étonnant que la science ne se soit pas fortement développée dans cet univers, puisque la magie y fonctionne. Il ajoute qu'il serait très désireux de visiter ce monde, à condition d'être vacciné contre le tétanos et la fièvre jaune… Et en effet, le monde de Conan est fascinant. Des royaumes de chevaliers, des empires de la magie et, tout autour, un vaste inconnu. Des villes fantastiques dont certaines se sont matérialisées depuis dans la réalité, celles en particulier qui se composent d'un seul bâtiment. La ville de Xuthal par exemple, faite en jade et qui a la forme exacte du Pentagone, ministère de la Guerre américain qui ne fut construit que plusieurs années après la mort d'Howard. L'architecte devait avoir beaucoup lu Howard... Un monde où l'aventure est partout présente et où la violence est la règle. Pour accéder au trône d'Aquilon, Conan étrangle son prédécesseur. Un monde décadent et souvent pourri où Conan représente une certaine pureté primitive.

Conan lui-même, barbare toujours acculé au mur, toujours prêt à se battre, est pourtant très loin d'être une brute épaisse. Quand il est au pouvoir, il encourage les arts, y compris les poètes qui lui en veulent, car le royaume d'Aquilon est plein de contestataires. Conan est un des rares hommes de son époque s'intéressant au monde où ils vivent. Il en trace lui-même des cartes et il pense que la Terre est ronde, ce qui lui donne l'idée de l'immense inconnu qui entoure son royaume. Il est opposé à des adversaires prodigieux. Comme par exemple le magicien Xaltotun, mort depuis trois mille ans lorsque le récit commence et ressuscité par l'action d'un cristal magique, le cœur d'Ahriman. Xaltotun cherchera par un meurtre rituel massif à effacer le présent et à faire reculer sur toute la terre le temps de trois mille ans pour faire reparaître le cruel royaume d'Acheron. Il réussira presque et seule l'intervention de Conan empêchera cette catastrophe magique de s'accomplir. Le roman où l'on voit apparaître ce noir personnage, et qui s'appelle *L'Année du dragon*[115], fut écrit avant Hitler, vers 1934[116]. Si on considère les camps de concentration comme un gigantesque meurtre rituel destiné à faire revenir d'anciens dieux, ce qui fut très probablement le cas, il est difficile de ne pas penser à Xaltotun dont le bref règne rappelle assez l'empire de mille ans de Hitler. Howard est particulièrement merveilleux lorsqu'il parle de magie et surtout quand il en parle en vers. Pour les lecteurs connaissant l'anglais, je vais citer un de ces poèmes que j'essaierai ensuite de traduire. Mais ma traduction ne vaudra pas l'original :

When the world was young and men were weak, and the fiends of the night walked free,
I strove with Set by fire and steel and the juice of the upas-tree;
Now that I sleep in the mount's black heart, and the ages take their toll,
Forget ye him who fought with the Snake to save the human soul?

Quand le monde était jeune et les hommes faibles et que les démons de la nuit marchaient librement,
J'ai combattu Set par la flamme et l'acier et le suc de l'arbre Upas ;
Maintenant que je dors au cœur de la sombre montagne[117] *et que les âges s'écoulent,*
Allez-vous oublier celui qui combattit le Serpent pour sauver l'âme humaine ?

J'aurais voulu citer d'autres merveilleux poèmes de Howard, mais je ne voudrais pas abuser de la patience du lecteur ignorant l'anglais. Je veux tout de même en citer deux :

Gleaming shell of an outworn lie; fable of Right divine
You gained your crowns by heritage, but Blood was the price of mine.
The throne that I won by blood and sweat, by Crom, I will not sell
For promise of valleys filled with gold, or threat of the Halls of Hell !

Coque étincelante d'un mensonge usé, fable du droit divin,
Vous avez eu vos trônes par héritage: le sang fut le prix du mien.
Le trône que j'ai gagné par la sueur et le sang, je jure par le dieu Crom que je ne le vendrai pas,
Ni pour les promesses des vallées pleines d'or, ni pour les menaces des chambres de l'enfer !

LE CHANT DES ARCHERS.

A long bow and a strong bow, and let the sky grow dark!
The cord to the nock, the shaft to the ear, and the king of Knoth for a mark!

Un arc long et un arc fort et le ciel peut devenir tout noir !
La corde tirée jusqu'à l'entaille, la flèche à la hauteur de mon oreille et le roi des ennemis pour cible !

La prose de Howard aussi a ce rythme et cet envol que l'on trouve dans sa poésie. Comme par exemple dans *Le Phénix sur l'épée* où le fantôme d'un magicien blanc s'adresse à Conan avant de marquer l'épée de Conan d'un phénix qui la rendra invincible :

« Ta destinée est celle du royaume d'Aquilon. Des événements gigantesques sont en train d'être tissés dans la toile du destin et aucun magicien noir ne pourra s'opposer à la marche du destin impérial. Dans les âges passés, Set s'enroulait autour du monde comme un serpent autour de sa proie. Toute ma vie, qui dura trois fois celle des hommes, je l'ai repoussé dans les ombres du sud inconnu. Et par-delà la mort, je continuerai de combattre ceux qui abhorrent les ténèbres. Tends-moi ton épée. »

Ou cette citation dans *L'Année du dragon* : après la prise du pouvoir par Xaltotun au royaume d'Aquilon, un prêtre du mal marche dans les rues et les hommes en armure tombent morts autour de lui : « Et le prêtre sombre ricana et dit : « Je ne suis que le prêtre Altaro, disciple d'Orastes qui n'est lui-même qu'un disciple de celui dont le visage est caché. Le pouvoir n'est pas le mien, il ne fait qu'agir à travers moi. »

On croirait entendre la voix d'Eichmann. Je répète qu'Howard est mort trop tôt pour être inspiré par Hitler. On connaît d'ailleurs assez mal les sources de Howard. Très justement, L. Sprague De Camp cite parmi les sources *Salammbô* et note quelques ressemblances. Il note aussi des ressemblances entre Conan et Pizarre, le conquérant du Pérou qui est mort en 1541 dans des circonstances qui rappellent l'attentat contre Conan dans *Le Phénix sur l'épée*. Toutes ces sources étant notées, il faut tout de même reconnaître que Howard avait créé pour Conan, selon une remarque du professeur John D. Clark : « Un univers de pourpre et d'or où tout peut arriver, sauf l'ennui. »

Dans cet univers, la figure de Conan, sans le dominer, forme en quelque sorte le faisceau d'un projecteur illuminant des scènes sorties d'un rêve violent et brutal. Sur les motivations de l'auteur, nous avons une lettre qu'il a envoyée en 1939 * à H. P. Lovecraft.

Howard décrivait :

« J'avais dix-huit ans lorsque j'écrivis *L'épée et les crocs*[118], *La race perdue*[119], *L'hyène*[120]. J'avais dix-neuf ans lorsque j'écrivis *La forêt de Villefère*[121] et *Tête de loup*[122]. Après quoi pendant deux ans, je n'ai rien pu placer. C'est une période à laquelle je n'aime pas penser. J'avais écrit mon premier conte à l'âge de quinze ans et je l'avais envoyé à la revue *Adventure*. Cela n'a pas marché mais, trois ans plus tard, j'ai réussi à entrer dans l'équipe de la revue *Weird Tales*. J'aurais pu faire autre chose, mais l'écriture seule me donnait la liberté et la liberté est ma passion. Il se peut qu'elle soit aussi un mythe, mais un écrivain a plus de liberté qu'un esclave dans une fonderie ou qu'un garçon travaillant, comme il m'est arrivé de le faire, quatorze heures par jour et sept jours par semaine à vendre des sodas dans un drugstore. Il m'est arrivé, à vrai dire, de travailler dix-huit heures par jour sur ma machine à écrire mais c'est moi qui l'ai voulu. Je fus le premier à allumer une torche de littérature dans ce coin du pays et je me rends compte à quel point cette torche est faible, frêle et facile à éteindre. Je suis un pionnier à ma manière. D'après tout ce que je puis savoir, j'ai été le premier écrivain jamais produit par une section de ce pays de la dimension du Connecticut. J'ai entendu dire qu'on devient écrivain à cause de son milieu. Je suis devenu écrivain contre mon milieu. Je ne blâme pas les gens qui m'entourent. Ce n'est pas leur faute si la littérature et l'art leur sont étrangers. Ils vivent solidement du coton, du blé, du bétail et du pétrole. Et la profession d'écrivain leur paraît aussi lointaine que les rivages de l'Europe. À l'âge de quinze ans, n'ayant jamais vu de poète, d'éditeur, d'écrivain ou de rédacteur en chef de revue, je commençais à travailler à mon métier. Personne ne m'aida, personne ne me conseilla, je n'ai pas suivi de cours par correspondance et les quelques bibliothèques auxquelles j'ai eu accès ne ressemblaient en rien à ce que vous avez en ville. Je n'ai pas réussi, je ne réussirai probablement jamais. Mais comme mes grands-pères, je fus un pionnier. Je fus le premier homme du pays à gagner ma vie par la plume. »

Il faut ajouter à cette fière profession de foi que le milieu dont Howard parle n'est pas hostile uniquement à la littérature et à l'art. Ce milieu a abattu John Fitzgerald Kennedy lorsque celui-ci s'y aventura. Lorsque, en mars 1965, L. Sprague De Camp y alla interviewer les habitants locaux à propos de Howard, les indigènes refusèrent de laisser citer leur nom comme ayant connu un intellectuel...

Nous n'avons pas d'explication du suicide de Howard[123], mais je pense pouvoir employer à son propos comme à celui de Lovecraft l'expression « personne déplacée». Et il me paraît certain que si Howard n'avait pas été un géant musclé et toujours porteur d'un colt, la population civile lui aurait probablement appris à être écrivain et poète à coups de trique. Et je n'ose penser à ce qui aurait pu arriver à Howard du temps de la chasse aux sorcières. Surtout qu'il a écrit un roman intitulé *Les Clous rouges*[124]. Ce que Mac Carthy aurait tiré de cela, les démons des ténèbres seuls le savent. Mais il est bien dommage que Conan n'ait pas vécu pour connaître son succès

---

(*) N.d.E. : Lettre d'autant plus remarquable que les deux écrivains étaient morts à cette date !

actuel et pour voir en particulier paraître une revue d'amateurs consacrée à son œuvre et qui s'appelle *Amra* (Box 9120, Chicago, 60690). C'est dans *Amra* que sont parus les essais de L. Sprague De Camp, réunis ensuite sous le titre de *The Conan Reader*. L'équipe qui dirige *Amra* et dont le chef de file est G.H. Scithers, s'intitule « la légion hyborienne ». Cette équipe encourage également l'édition du « Conan complet » qui comprendra douze volumes dont sept sont actuellement parus. Cinq d'entre eux sont arrivés en France et je ne désespère pas de recevoir un jour les autres. (Très brève parenthèse pour expliquer en quoi consiste la difficulté : les éditeurs américains n'acceptent pas de commande pour UN livre de poche. Il faut en commander une douzaine de chaque titre, ce qui amène très vite à des dépenses impossibles quand ces titres sont nombreux. Aussi, pour les livres de poche, suis-je obligé le plus souvent de dépendre de la charité d'amis américains. La situation n'est pas la même bien entendu pour les livres reliés et c'est ainsi que j'ai tout simplement commandé *The Conan Reader* à son éditeur, The Mirage Press, 5111 Liberty Heights Avenue Baltimore, Md. 21207, États-Unis.)

Dans toute la mesure du possible, l'édition dirigée par L. Sprague De Camp suit l'ordre chronologique interne des aventures de Conan et non pas l'ordre de publication. L. Sprague De Camp ajoute à chaque volume une préface, des notes et autant que possible une carte. J'ai quelques vagues espoirs de les voir traduits en français. L'idéal serait d'utiliser des illustrations parues dans *Amra* et faites par le dessinateur américain Roy Krenkel. La qualité générale d'*Amra* a valu à la revue le prix américain Hugo pour la meilleure revue d'amateurs.

Conan n'est bien entendu pas le seul personnage créé par Howard. Parmi les autres, il faut citer, en premier lieu, le roi Kull qui régna sur l'Atlantide en une période lointaine avant l'âge hyborien. Kull est antérieur à Conan dans l'œuvre de Howard. Les meilleurs contes concernant Kull sont parus en 1929 alors que les contes concernant Conan n'ont commencé à paraître qu'en 1932. Kull a d'autres problèmes que Conan : alors que Conan est surtout opposé à des adversaires humains, fussent-ils magiciens, Kull règne sur une population où une ancienne race non définie, camouflée en humains, survit encore. Les meilleures nouvelles sur Kull sont tout à fait remarquables et peut-être d'un style meilleur que les récits sur Conan. Les poèmes sur Kull sont également très beaux. Tous ces contes ont été réunis en un seul volume par Lancer Books. Ce volume contient également un certain nombre d'inédits terminés par Lin Carter. Il y a en tout douze textes, tous remarquables, et deux très bons.

Si le roi Kull et le roi Conan aiment les femmes, à tel point que Conan mène une vie que l'on pourrait facilement traiter de débauchée s'il ne s'agissait pas d'autres mœurs et d'un autre âge, le troisième grand personnage de Howard est tout à fait différent. Il s'agit de Solomon Kane, puritain anglais du XVIe siècle. Kane est un homme froid et chaste, comme il convient à un puritain. Il parcourt le monde en rendant la justice de Dieu et rencontre en Afrique et ailleurs des monstres, des magiciens et des spectres.

Il n'est pas encore paru en Amérique de volume uniquement consacré aux aventures de Solomon Kane. C'est dommage : on ne peut plus trouver les aventures de ce personnage que dans le volume très rare d'œuvres choisies de Howard publiées par Arkham House, ou dans les livraisons encore plus rares de la revue *Weird Tales*. Il faut espérer qu'un tel volume paraîtra.

Howard a également écrit des romans et des nouvelles se passant de nos jours et fortement influencés par l'œuvre de H. P. Lovecraft. Comme Lovecraft, Howard inventa un livre maudit. Le livre maudit de Howard s'appelle Les Cultes sans nom[125] et Howard l'attribue à un érudit allemand appelé von Junzt (1795-1840).

Ne cherchez pas ce livre dans les bibliothèques : pas plus que l'auteur, il n'existe pas. Howard, pourtant, lui prête réalité en multipliant les détails historiques et biographiques.

Les Cultes sans nom sont d'abord publiés à Düsseldorf en 1839. L'année d'après, l'auteur s'enferme pour travailler sur une suite. Il est trouvé dans une chambre fermée et verrouillée, mort, avec des marques de griffes à la gorge. Son meilleur ami, le Français Alexis Ladeau, recolle les fragments du manuscrit, les lit et les brûle. Après quoi, il se coupe la gorge. En 1845, une traduction sans autorisation et en mauvais anglais est publiée à Londres par Bridewall. En 1909, une édition expurgée est publiée à New York par la Golden Goblin Press.

Que le lecteur se rassure une bonne fois : ni le livre ni les diverses éditions n'ont jamais existé ailleurs que dans l'imagination de Howard. Les nouvelles reliées au livre maudit de von Junzt commencent généralement par la découverte dans ce livre d'une piste que les personnages suivent avec des conséquences catastrophiques.

S'ils y survivent, on ne les y reprendra pas. Comme l'écrit l'un d'eux dans la nouvelle intitulée La Pierre noire : « Je n'oserai plus jamais jeter un regard sur les pages de l'abomination de von Junzt. L'homme ne fut pas toujours maître de la Terre — et l'est-il maintenant ? »

Enfin, on trouve dans l'œuvre de Howard — à côté de récits d'aventures pure, des récits historiques et des westerns[126] — un certain nombre de nouvelles ne se rattachant à aucun cycle et tirées de traditions celtiques et nordiques. Certaines de ces nouvelles sont très belles. Elles tournent généralement autour de la découverte d'une relique, par exemple la croix de Saint-Brandan.

Un lexique de termes de Howard a été publié par l'infatigable Sprague De Camp et se trouve dans The Conan Reader : De Camp y examine une bonne fois la question des sources de Howard. A côté des influences évidentes comme celles de Lovecraft ou Clark Ashton Smith, De Camp montre très justement l'influence des historiens tels que Harold Lamb. Il montre aussi que Howard a visiblement beaucoup lu et notamment des études sérieuses sur l'Islam du Moyen-Âge que l'on voit quelquefois dans le monde de Conan et de Kull. De Camp traite également de la question des Aryens, montrant aussi bien que la mythologie de Howard et la mythologie hitlérienne n'ont aucun rapport avec les véritables Aryens. De Camp précise, et il a raison, que Howard ne fut jamais raciste, que quelques-uns des personnages les plus sympathiques des récits de Howard sont noirs ou jaunes[127]. De Camp soulève aussi la question des origines de Conan qui se dit Cimmérien. Les Cimmériens, bien entendu, sont le peuple du brouillard et de l'Occident dans Homère. Historiquement, on retrouve des Cimmériens au VIIème siècle avant Jésus-Christ. Ils ont alors envahi l'Asie Mineure et la langue arménienne moderne dérive de la leur. Du temps de Howard, les historiens croyaient beaucoup à une connexion entre ces Cimmériens historiques et les Celtes. Des recherches postérieures à la mort de Howard ont démenti cette connexion mais Howard fut visiblement assez influencé pour attribuer à Conan — à qui il avait donné un nom celte (Conan comme dans Arthur Conan Doyle) — une origine cimmérienne.

L'Atlantide de Howard est une Atlantide dans l'Atlantique et non pas l'Atlantide des historiens modernes en Méditerranée. La Lémurie est considérée par la science moderne comme n'ayant jamais existé. Ce continent fantôme allant de l'Inde à l'Afrique du Sud fut imaginé par des savants au XIXe siècle pour expliquer la distribution des lémurs, petits singes dont on ne voyait pas à l'époque comment ils avaient pu venir de l'Inde en Afrique du Sud ou inversement. Depuis, la distribution géographique des lémurs fut expliquée sans faire intervenir un continent disparu. Mais les occultistes se sont emparés de la Lémurie et en ont fait un continent contemporain de l'Atlantide et dont les habitants avaient atteint un degré élevé de civilisation. Rien de cela n'est confirmé scientifiquement et la Lémurie de Howard est complètement imaginaire[128].

Il faut d'ailleurs bien remarquer que l'âge hyborien, d'après Howard lui-même, est destiné à fournir un cadre cohérent aux aventures de Conan et non pas à contredire les théories des historiens et des préhistoriens.

On voit aussi surtout dans les aventures du roi Kull des références à Thulé, île légendaire au nord de la Grande-Bretagne et qu'on a identifiée successivement, mais sans preuve convaincante, avec la Norvège, ou les îles Shetland, les îles Orkneys, ou les îles Féroé. On n'a jamais réussi à identifier Thulé et il est à noter que le groupe ésotérique qui a donné naissance à l'hitlérisme s'appelait le groupe Thulé. L'arbre Upas existe réellement à Java. Son nom scientifique est Antigris toxicaria et il est extrêmement toxique. La cité des Zambabwei, à laquelle Howard fait constamment allusion, a effectivement existé. On étudie encore ses ruines, sur lesquelles les historiens ne sont pas d'accord. La thèse officielle est que ces ruines datent environ du VIe ou VIIe siècle de l'ère chrétienne. Ce qui est certain, c'est que la forteresse fut utilisée à nouveau au XVIIIe siècle et au début du XIXe siècle et devint la capitale d'un empire noir. Howard a dû trouver de nombreuses références à cette résurrection de Zambabwei dans des livres d'histoire. Des historiens africains, depuis la fin de la colonisation, ont publié des études attribuant à Zambabwei une antiquité considérablement plus grande, allant peut-être jusqu'au passé nébuleux où se trouve l'âge hyborien.

Voilà donc les sources de Howard. On ne paraît jamais s'être demandé où il a trouvé tous les livres qu'il a consultés et qui n'étaient certainement pas dans les bibliothèques municipales des petits trous américains où Howard a toujours vécu. Peut-être H. P. Lovecraft lui a-t-il prêté ou offert des livres ?

On n'a jamais étudié à ma connaissance — mais je n'ai pas lu tous les numéros de *Amra* — les rapports entre l'âge imaginaire de Howard et l'empire imaginaire du prêtre Jean.

Cette question des sources est évidemment importante, mais je pense que si Howard avait eu d'autres livres, il aurait placé ses personnages dans d'autres périodes imaginaires se rattachant plus ou moins au réel.

Howard cherchait la liberté en écrivant et il est assez naturel qu'il ait décrit des personnages libres vivant dans un monde du possible et non pas dans le monde réel. Il a lui-même révélé, dans une lettre à Clark Ashton Smith, datée du 14 décembre 1933, qu'il a écrit les aventures de Conan dans un état d'automatisme où Conan semblait être présent à côté de lui et lui dictait son récit. Il considérait Conan comme un personnage réel, né de la combinaison d'un certain nombre d'aventuriers des puits de pétrole qu'il avait connus. Évidemment, Howard n'a pas inventé dans la littérature moderne le genre de la fantaisie héroïque. Ce genre, que l'on peut considérer comme la vraie littérature d'évasion et une protestation contre la civilisation industrielle, paraît avoir été inventé en 1880 par l'auteur anglais William Morris. Toute l'œuvre de Howard, à part quelques textes, westerns et un roman de science-fiction, *Almuric*, se trouve à l'intérieur du genre de fiction héroïque. Ce genre n'a pas et ne cherche pas à avoir la rigueur de la science-fiction. Howard, trois mois avant sa mort, le 10 mars 1936, s'en est expliqué dans une lettre à P. Schuyler Miller :

« Ayant adopté une certaine conception de la géographie et de l'ethnologie de mes pays imaginaires, j'essaie de m'y tenir d'une façon cohérente. Je tiens cependant toujours compte du fait que mes personnages sont tout aussi ignorants du monde où ils vivent que les Européens du Moyen-Âge ignoraient l'Afrique et l'Asie. Je prends Conan à l'âge de dix-sept ans. Il a quarante ans lorsqu'il est roi d'Aquilon, quarante-cinq à l'époque de *L'Heure du dragon*. Je ne sais pas s'il a bâti un empire mondial par la suite ou s'il est mort en l'essayant. Avant d'être roi, il visita ce que nous appelons maintenant l'Asie, ainsi qu'un continent sans nom de l'hémisphère occidental. Il est aussi revenu pour une courte période dans sa Cimmérie natale. »

Dix-huit des aventures de Conan étaient parues du vivant de Howard. Les autres ont été découvertes à l'état inachevé dans ses dossiers par l'exécuteur testamentaire de Howard, Glenn Lord. Il est possible que l'on en découvre encore, mais en tout cas on peut compter sur douze volumes au moins des aventures de Conan. Il est également question de ressortir les aventures de Solomon Kane, dont je parlais plus haut.

Cette réédition est envisagée par l'éditeur américain Donald M. Grant (West Kingston, R.I.) qui a déjà publié les deux volumes de westerns de Howard. Une revue autre que *Amra*, *The Howard Collector*, s'occupe tout spécialement de la recherche dans les petites revues américaines et dans les revues d'amateurs, de récits, poèmes et fragments de Howard.

Cette recherche a abouti récemment à la publication d'un recueil intitulé : *The Dark Man and others* : « L'homme sombre et d'autres »[129]. Ce recueil a été publié à deux mille exemplaires par Arkham House.

Il serait souhaitable qu'il soit réédité en livre de poche, car il constitue une espèce de microcosme de l'œuvre de Howard. Dans une excellente préface, August Derleth fait justement observer que Howard lui-même se considérait comme un conteur populaire d'avant l'écriture. Et les contes réunis dans *The Dark man and others* sont bel et bien des contes, écrits pour distraire le lecteur et dont pourtant celui-ci n'arrive pas à se détacher. Il y a une intensité dans ces contes comme dans toute l'œuvre de Howard qui est peu commune. Un de ces contes au moins, *La Chose sur le toit*[130], restera parmi les meilleures nouvelles de Howard se rattachant à son livre maudit.

Il reste encore à parler des poèmes de Howard autres que ceux se rapportant au roi Conan ou au roi Kull.

Ces poèmes, à mon avis, n'ont pas suffisamment attiré l'attention de la critique américaine, probablement parce que celle-ci ne s'intéresse guère à la poésie.

Ce sont pourtant des poèmes qui rappellent les grands classiques anglais : Donne, Blake, Kipling. Avec ces différences cependant qu'ils sont beaucoup plus noirs, beaucoup plus pessimistes sur l'homme et le destin. Ils présagent déjà la catastrophe finale. L'un d'eux fut trouvé sur sa machine à écrire lorsque Howard s'est suicidé.

Biobibliographie de Robert E. Howard :

Né en 1909 – Mort en 1937
Unique profession : écrivain.
Aucun livre n'est publié en français, quelques nouvelles traduites dans *Planète* et *Fiction*.

Bibliographie actualisée :

Romans et recueils :

Conan [1] – *Conan* (certains textes complétés par Lyon Sprague de Camp et Lin Carter), trad. Anne Zribi, Paris : Édition spéciale, 1972.
— Paris : Jean-Claude Lattès, 1980 (« Titres SF » 18).
— Paris : J'ai lu, 1984 (« J'ai lu SF » 1754).
Conan [2] – *La Fin de l'Atlantide* (certains textes complétés par Lyon Sprague de Camp), trad. François Truchaud, Paris : Édition spéciale, 1972.
— Paris : J'ai lu, 1984.
Conan [3] – *La Naissance du monde* (certains textes complétés par Lyon Sprague de Camp), trad. François Truchaud, Paris : Édition spéciale, 1972.
— Paris : J'ai lu, 1984.
L'Homme noir, trad. François Truchaud, Paris : Librairie des Champs-Élysées, 1976 (« Le masque fantastique » 1).
— Paris : Nouvelles Éditions Oswald, 1982 (« Fantastique, science-fiction, aventure » 40).
— Paris : Fleuve Noir, 1991 (« Robert E. Howard » 7).
Kull le roi barbare, trad. François Truchaud, Paris : Nouvelles Éditions Oswald, 1979 (« Fantastique, science-fiction, aventure » 40).
— Saint Pierre les Nemours : Eurédif, 1984 (« Playboy science-fiction » 35).
— Paris : Fleuve Noir, 1992 (« Robert E. Howard » 10).
Le Pacte noir, trad. François Truchaud, Paris : Nouvelles Éditions Oswald, 1979 (« Fantastique, science-fiction, aventure »).
— Verviers (Belgique) : Marabout, 1981 (« Bibliothèque Marabout » 712).
— réédition en 2 volumes, Paris : Fleuve Noir, 1991 (« Robert E. Howard » 5-6).
Conan l'aventurier (certains textes complétés par Lyon Sprague de Camp), trad. François Truchaud, Paris : Jean-Claude Lattès, 1980 (« Titres SF » 23).
Conan le conquérant, trad. François Truchaud, Paris : Jean-Claude Lattès, 1980 (« Titres SF » 33).
— Paris : J'ai lu, 1988 (« J'ai lu SF » 2468).
Conan l'usurpateur (certains textes complétés par Lyon Sprague de Camp et Lin Carter), trad. Éric Chedaille, Paris : Jean-Claude Lattès, 1980 (« Titres SF » 62).
— Paris : J'ai lu, 1987 (« J'ai lu SF » 2224).
Fureur noire, trad. François Truchaud, Verviers (Belgique) : Marabout, 1981 (« Bibliothèque Marabout » 713).
Conan le guerrier (certains textes complétés par Lyon Sprague de Camp et Lin Carter), trad. François Truchaud, Paris : Jean-Claude Lattès, 1981 (« Titres SF » 40).
— Paris : J'ai lu, 1986 (« J'ai lu SF » 2120).

Conan le Cimmérien (certains textes complétés par Lyon Sprague de Camp et Lin Carter), trad. François Truchaud, Paris : Jean-Claude Lattès, 1982 (Titres SF » 54).
— Paris : J'ai lu, 1985 (« J'ai lu SF » 1825).
Conan le flibustier (certains textes complétés par Lyon Sprague de Camp et Lin Carter), trad. François Truchaud, Paris : Jean-Claude Lattès, 1982 (« Titres SF » 61).
— Paris : J'ai lu, 1985 (« J'ai lu SF » 1891).
Conan le vagabond (certains textes complétés par Lyon Sprague de Camp et Lin Carter), trad. François Truchaud, Paris : Jean-Claude Lattès, 1982 (« Titres SF » 56).
— Paris : J'ai lu, 1985 (« J'ai lu SF » 1935).
Cormac Mac Art, trad. François Truchaud, Paris : Nouvelles Éditions Oswald, 1983 (« Fantastique, science-fiction, aventure » 66).
— Paris : Fleuve Noir, 1992 (« Robert E. Howard » 14).
Solomon Kane, trad. François Truchaud, Paris : Nouvelles Éditions Oswald, 1983 (« Fantastique, science-fiction, aventure » 26).
— Paris : Fleuve Noir, 1991 (« Robert E. Howard » 1).
Le Retour de Kane, trad. François Truchaud, Paris : Nouvelles Éditions Oswald, 1983 (« Fantastique, science-fiction, aventure » 38).
— Paris : Fleuve Noir, 1991 (« Robert E. Howard » 3).
Agnès de Chastillon, trad. François Truchaud, Paris : Nouvelles Éditions Oswald, 1983 (« Fantastique, science-fiction, aventure » 78).
— Paris : Fleuve Noir, 1993 (« Robert E. Howard » 21).
El Borak l'invincible, trad. François Truchaud, Paris : Nouvelles Éditions Oswald, 1983 (« Fantastique, science-fiction, aventure » 87).
— Paris : Fleuve Noir, 1991 (« Robert E. Howard » 9).
El Borak le redoutable, trad. François Truchaud, Paris : Nouvelles Éditions Oswald, 1984 (« Fantastique, science-fiction, aventure » 99).
— Paris : Fleuve Noir, 1992 (« Robert E. Howard » 11).
El Borak le magnifique, trad. François Truchaud, Paris : Nouvelles Éditions Oswald, 1984 (« Fantastique, science-fiction, aventure » 102).
— Paris : Fleuve Noir, 1992 (« Robert E. Howard » 13).
El Borak l'éternel, trad. François Truchaud, Paris : Nouvelles Éditions Oswald, 1984 (« Fantastique, science-fiction, aventure » 108).
— Paris : Fleuve Noir, 1992 (« Robert E. Howard » 15).
Wild Bill Clanton, trad. François Truchaud, Paris : Nouvelles Éditions Oswald, 1984 (« Fantastique, science-fiction, aventure » 114).
Kirby O'Donnell, trad. François Truchaud, Paris : Nouvelles Éditions Oswald, 1984 (« Fantastique, science-fiction, aventure » 117).
Cormac Fitzgeoffrey, trad. François Truchaud, Paris : Nouvelles Éditions Oswald, 1984 (« Fantastique, science-fiction, aventure » 123).
Steve Harrison et le Maître des morts, trad. François Truchaud, Paris : Nouvelles Éditions Oswald, 1985 (« Fantastique, science-fiction, aventure » 127).
Steve Harrison et le Talon d'argent, trad. François Truchaud, Paris : Nouvelles Éditions Oswald, 1985 (« Fantastique, science-fiction, aventure » 132).
Vulmea le pirate noir, trad. François Truchaud, Paris : Nouvelles Éditions Oswald, 1985 (« Fantastique, science-fiction, aventure » 138).

— Paris : Fleuve Noir, 1992 (« Robert E. Howard » 17).
Sonya la rouge, trad. François Truchaud, Paris : Nouvelles Éditions Oswald, 1985 (« Fantastique, science-fiction, aventure » 144).
— Paris : Fleuve Noir, 1992 (« Robert E. Howard » 12).
Les Habitants des tombes, trad. François Truchaud, Paris : Nouvelles Éditions Oswald, 1985 (« Fantastique, science-fiction, aventure » 148).
— Paris : Fleuve Noir, 1991 (« Robert E. Howard » 2).
Le Tertre maudit, trad. François Truchaud, Jacques Papy, Jean Marigny et al., Paris : Nouvelles Éditions Oswald, 1985 (« Fantastique, science-fiction, aventure » 154).
— Paris : Fleuve Noir, 1991 (« Robert E. Howard » 4).
Bran Mak Morn, trad. François Truchaud, Paris : Nouvelles Éditions Oswald, 1986 (« Fantastique, science-fiction, aventure » 60).
— Paris : Fleuve Noir, 1993 (« Robert E. Howard » 18).
Le Chien de la mort, trad. François Truchaud, Paris : Nouvelles Éditions Oswald, 1986 (« Fantastique, science-fiction, aventure » 158).
— Paris : Fleuve Noir, 1992 (« Robert E. Howard » 16).
La Main de la déesse noire, trad. François Truchaud, Paris : Nouvelles Éditions Oswald, 1986 (« Fantastique, science-fiction, aventure » 164).
— Paris : Fleuve Noir, 1993 (« Robert E. Howard » 20).
La Route d'Azraël, trad. François Truchaud, Paris : Nouvelles Éditions Oswald, 1986 (« Fantastique, science-fiction, aventure » 170).
— Paris : Fleuve Noir, 1993 (« Robert E. Howard » 19).
Almuric, trad. François Truchaud, Paris : Nouvelles Éditions Oswald, 1986 (« Fantastique, science-fiction, aventurev 174).
— Paris : Fleuve Noir, 1993 (« Robert E. Howard » 8).
Le Seigneur de Samarcande, trad. François Truchaud, Paris : Nouvelles Éditions Oswald, 1986 (« Fantastique, science-fiction, aventure » 179).
Steve Costigan, trad. François Truchaud, Paris : Nouvelles Éditions Oswald, 1986 (« Fantastique, science-fiction, aventure » 180).
Steve Costigan et le Signe du serpent, trad. François Truchaud, Paris : Nouvelles Éditions Oswald, 1986 (« Fantastique, science-fiction, aventure » 183).
Steve Costigan le champion, trad. François Truchaud, Paris : Nouvelles Éditions Oswald, 1987 (« Fantastique, science-fiction, aventure » 187).
Dennis Dorgan, trad. François Truchaud, Paris : Nouvelles Éditions Oswald, 1987 (« Fantastique, science-fiction, aventure » 192).
Le Manoir de la terreur, trad. François Truchaud, Paris : Nouvelles Éditions Oswald, 1987 (« Fantastique, science-fiction, aventure » 196).
L'Île des épouvantes, trad. François Truchaud, Paris : Nouvelles Éditions Oswald, 1987 (« Fantastique, science-fiction, aventure » 199).
La Flamme de la vengeance, trad. François Truchaud, Paris : Nouvelles Éditions Oswald, 1988 (« Fantastique, science-fiction, aventure » 206).
Le Rebelle, trad. François Truchaud, Paris : Nouvelles Éditions Oswald, 1989 (« Fantastique, science-fiction, aventure » 215).
Chants de guerre et de mort, poèmes choisis par Glenn Lord, trad. François Truchaud, Paris : Nouvelles Éditions Oswald, 1988.

Conan le vengeur (certains textes complétés par Lyon Sprague de Camp et Björn Nyberg), trad. François Truchaud, Paris : J'ai lu, 1992 (« J'ai lu SF Fantasy » 3289).
Conan (recueil). Bruxelles : Lefrancq, coll. « Volumes », 1998.

Nouvelles :

Le Phénix sur l'Epée, trad. Jacques Bergier, *Planète,* n°24 (sept-oct. 1965).
Dans la salle des morts (avec Lyon Sprague De Camp), trad. Paul Alpérine, *Fiction* n° 177, août/septembre 1968.
Pour l'amour de Barbara Allen, trad. René Lathière, *Fiction* n° 233, mai 1973.
La Pierre noire, La Chose ailée sur le toit, Le Feu d'Asshurbanipal, toutes trad. Claude Gilbert, dans *Légendes du mythe de Cthulhu,* éd. August Derleth, Paris : Christian Bourgois, 1975 (« Dans l'épouvante »).
— Paris : France-Loisirs, 1975.
— Paris : J'ai lu, 1981 (1161).
— Paris : Presses Pocket, 1989 (« Science-fiction – Dark fantasy » 5347-5355).
— dans H. P. LOVECRAFT, *Œuvres* I, éd. Francis Lacassin, Paris : Robert Laffont, 1991 (« Bouquins »).
Le Serpent du rêve, trad. Jacques Papy, dans *Histoires de cauchemars,* éd. Jacques Goimard et Roland Stragliatti (*La Grande anthologie du fantastique* 8), Paris : Pocket, 1977 (1467).
— dans *La Grande Anthologie du fantastique* 1, éd. Jacques Goimard et Roland Stragliatti, Paris : Presses de la Cité, 1996 (« Omnibus »).
Le Royaume des chimères, Les miroirs de Tuzun Thune, L'Âge hyborien, La Lune des crânes, toutes trad. François Truchaud, dans *Atlantides – Les Îles englouties,* éd. Lauric Guillaud, Paris : Presses de la Cité, 1995 (« Omnibus »).

Chapitre X

Talbot Mundy

ou

Les Neuf Secrets des Neufs Inconnus

Chapitre X
Talbot Mundy
ou
Les Neuf Secrets des Neuf Inconnus

L'Américain Talbot Mundy aurait dû être anglais. Il fut un de ces personnages des services secrets anglais que Kipling et Buchan ont immortalisés. Il naquit à Londres en 1877. Dans des circonstances que je ne connais pas, il s'engagea dans l'Intelligence Service pour lequel il effectua de nombreuses missions aux Indes et en Afrique ; il revint s'installer aux États-Unis en 1911 et il y vécut jusqu'en 1940, en écrivant constamment.

Il commençait à écrire à trois heures du matin et ne s'arrêtait que lorsqu'il était complètement écroulé de fatigue.

Talbot Mundy est totalement inconnu en France. Un seul de ces livres valables, *Om*[131], fut traduit en français. On y a également traduit deux ou trois de ses livres commerciaux, probablement parce que des films en ont été tirés.

Les principaux livres de Talbot Mundy sont :
— *Les Neuf Inconnus* ;
— *Jimgrim* [132];
— *Les Gardiens du diable*[133] ;
— *Il était une porte* ;
— *Lumière noire*[134].

Cet ensemble fait partie d'une série groupant des récits fondés sur la survivance à notre époque des secrets d'anciennes civilisations plus développées que la nôtre.

Un autre cycle en quatre volumes intitulé *Tros of Samothrace* est une série historique se plaçant un demi-siècle avant la venue du Christ.

Enfin, Talbot Mundy a écrit un très grand nombre de romans d'aventure se passant le plus souvent aux Indes avant le départ des Anglais, et qui rappellent ou dépassent même par la qualité *Kim*, de Kipling. Peut-être le meilleur moyen de faire comprendre le monde de Talbot Mundy est-il de résumer en détail un de ses livres. Je choisirai pour cela *Jimgrim* qui n'est pas, à mon sens, le meilleur roman de Talbot Mundy, mais qui est celui se rapportant le plus à un avenir immédiat. *Jimgrim* fut publié en 1930. Il se passe dans le monde de 1930, mais il pourrait aussi bien se passer aujourd'hui ou demain.

En voici le thème général :

Un homme apparaît en Orient qui se proclame le roi du monde. Par propagande de bouche à oreille, par radio, par messages télépathiques atteignant directement la conscience humaine, il proclame son mot d'ordre. Et ce mot d'ordre est :

« L'Occident est fini ». Le roi du monde, le grand Maitraya, Dorjé l'audacieux, est venu enfin. Il a retrouvé les secrets des anciennes sciences plus avancées que la science des Occidentaux. Les masses du Tiers-Monde vont se soulever, le règne des Blancs est fini. Cette propagande est suivie par des attaques directes contre l'Occident avec des moyens super scientifiques : une forme de l'énergie atomique qui voyage avec le courant électrique le long des fils et qui produit alors un champ faisant sauter tous les explosifs à plusieurs centaines de mètres du fil, un nouveau type de gaz asphyxiant traversant tous les solides, d'autres armes encore. On ne sait pas d'où viennent ces attaques, ni comment elles sont organisées. On ne sait pas où trouver le roi du monde qui est quelque part dans la foule immense des peuples du Tiers-Monde, insaisissable.

Un champion de l'Occident se lève : c'est l'Américain James Schuyler Grim, connu sous le surnom de Jimgrim un peu partout dans le monde. Grim est un pacifiste sanguinaire qui passe son temps à détruire les fauteurs de guerre partout où il les trouve. Il n'espère pas grand-chose pour la race humaine, mais chaque fois qu'il peut faire régner la paix pour quelque temps en un point du globe, c'est toujours ça de pris. Il opère pour son propre compte, financé par un riche Américain aussi fou que lui, Meldrum Strange. Lorsqu'il le faut, dans les grands moments de crise, tous les moyens de l'Occident sont à sa disposition. Un des amis de Grim lui dit : « Il estime que les vies humaines, la sienne comprise, n'ont pas d'importance, l'œuvre seule comptant. Et il exprime son anxiété en chargeant ses amis de tâches presque impossibles à réaliser. »

Grim décide donc de réussir ce que toutes les forces conjuguées des États-Unis, de la France et de l'Angleterre n'ont pas été capables de faire : abattre le roi du monde. Et, au lieu de se lancer dans une interminable et secrète recherche pour trouver le roi du monde, il choisit un moyen simple, génial et plutôt risqué : il va au Caire d'abord puis en Asie et se proclame lui-même roi du monde ! Il est accompagné par quelques fidèles compagnons que l'on retrouvera dans d'autres œuvres de Talbot Mundy et notamment l'Hindou Chullunder Ghose. Celui-ci, dont la carte de visite porte simplement l'inscription : « Candidat ayant échoué au baccalauréat à Calcutta », pèse dans les cent cinquante kilos. C'est une canaille épaisse, sans scrupule aucun et nanti d'un humour noir tout à fait remarquable. Il se prétend lâche, mais ce doit être là un de ses mensonges, car nous le voyons tout au long de l'œuvre de Talbot Mundy accomplir les exploits les plus extraordinaires tout en tremblant. Mis au courant du projet de Grim, il remarquera : « C'est d'une stupidité irréprochable, pire encore que de suivre les conseils des experts ». Il dira également à Grim : « Je suis avec vous. Toutefois, si le roi du monde me promet d'exterminer ma femme avec une de ses armes secrètes, je change de camp ». Et voilà donc notre personnage plongé dans un tourbillon à travers un monde à la fois réel et fantastique : l'Égypte d'abord, l'Inde ensuite et finalement, après un voyage dans ce que nous appellerions de nos jours « un véhicule antigravitationnel », la base secrète du roi du monde dans le Tibet. Et la lutte se poursuivra jusqu'à une inévitable fin : la mort à la fois du roi du monde et de Grim, mort inévitable parce que tels sont leurs deux caractères, mort inévitable aussi parce que ce combat a déjà eu lieu dans d'autres incarnations.

Le livre est épais, près de trois cents pages. L'action est aussi serrée que dans les romans d'aventures les mieux construits. Et pourtant, elle passe au second plan devant la peinture extraordinaire des milieux et des personnages. Aussi bien les deux adversaires tragiques, Grim et le roi du monde, que les personnages qui les entourent, et en particulier le Juif Benjamin, installé au fond de l'Inde, et qui a tissé une toile rassemblant les secrets des anciennes civilisations, à partir d'une boutique d'articles pour explorateurs située à Delhi. Dorjé, le roi du monde, se révélera comme étant un ancien employé de Benjamin qui a eu tort de lui confier l'exploitation des renseignements concernant le désert de Gobi. Dorjé y trouve une bibliothèque souterraine appartenant à une des civilisations disparues qui ont précédé la nôtre, qu'il cache à son patron. A partir de ces livres, il commence par fabriquer l'ancienne drogue psychologique soma qui lui donne une intelligence surhumaine. Il reconstruit alors les machines volantes et les armes des anciens, monte une organisation et se lance à la conquête du monde. Il reprend une partie de l'organisation secrète de Benjamin et les routes souterraines utilisées par Benjamin pour la contrebande servent à diffuser sur le monde les armes secrètes de Dorjé. Malheureusement pour le monde entier, le gendre de Benjamin, Mordecai, qui aurait dû explorer à la place de Dorjé les secrets de Gobi, est mort au Tibet en essayant d'atteindre d'autres secrets. Grim utilisera Benjamin pour annoncer qu'il est le roi du monde et qu'il vient d'arriver à Delhi.

C'est par centaines que des personnages extraordinaires gravitent autour de Dorjé et de Grim. Des personnages de tous genres allant aussi bien des saints aux patronnes de bordel que des aventuriers du type de Lawrence d'Arabie aux maîtres de la transmission télépathique et des secrets anciens. À la première lecture, on est littéralement empoigné. À la deuxième lecture, faite plus lentement, on a l'impression d'avoir fait un grand voyage en Afrique et en Asie. Chemin faisant, on rencontre l'explication de nombreux mystères et notamment de la catastrophe de 1908 en Sibérie : non pas une météorite géante, mais une des premières expériences de Dorjé avec l'énergie atomique[135]. Le livre est plein de remarques inquiétantes de ce genre ainsi que des réflexions sur le danger des sciences secrètes. Mundy pense, comme presque tous les hommes cultivés en Asie, que la civilisation s'est construite plus d'une fois et s'est détruite plus d'une fois, et qu'il reste beaucoup plus de traces qu'on ne le croit. Il pense que de nombreux livres sanscrits, qui paraissent incompréhensibles, deviennent très clairs lorsqu'on possède certaines clefs. Et Dorjé trouve ces clefs sous forme de tablettes d'or portant des caractères d'une langue qu'il a déjà eu l'occasion d'apprendre dans un monastère tibétain, dans une bibliothèque souterraine, au fond du Gobi.

Jimgrim est caractéristique de l'œuvre de Talbot Mundy : descriptions détaillées de secrets anciens considérés comme scientifiques et non mystiques, optimisme sans borne, descriptions de personnages plus grands que nature.

On retrouve les mêmes aspects de son œuvre, mais en plus fantastique encore dans *Il était une porte*. Le personnage central, l'agent secret anglais Blair Warrender, est à la recherche de secrets anciens dont il a trouvé trace dans des livres étranges et qu'il a poursuivis sur place. En rapprochant des pistes trouvées au fond des temples indiens et des indications bizarres dans les livres de Charles Fort, Blair Warrender finira par trouver une porte s'ouvrant au-delà de notre univers et qui va on ne sait où. Il verra certains personnages y passer et il verra la porte se refermer. C'est une porte qui s'ouvre à la pleine lune et qui se ferme peu après. Il ne restera plus qu'à noter toute l'histoire dans un des dossiers F.F., ce qui veut dire « File and Forget » :

« À noter[136] et à oublier ». (Le lecteur qui veut en savoir davantage peut lire l'ouvrage de George Langelaan, *Les Faits maudits*, paru dans l'encyclopédie Planète. La préface rédigée par l'auteur du présent ouvrage s'appelle « Dossiers F.F. et carnets noirs ».)

Jimgrim et *Il était une porte* se passent dans l'Inde moderne telle qu'elle est. Une bonne partie de ces ouvrages se déroule dans des maisons de tolérance. Mais le lecteur qui cherche des passages grivois sera déçu, car c'est surtout de l'aspect « temple des secrets » des maisons en question qu'il s'agit.

Tous les aspects de l'Inde mystérieuse défilent dans ces livres et le lecteur n'a pas l'impression qu'il s'agit d'imagination. Visiblement, Talbot Mundy a utilisé son séjour aux Indes et son métier d'agent secret pour se renseigner. Et il paraît y avoir bien réussi. Si ces deux livres traitent des Indes, *The Devil's Guard* traite surtout du Tibet. C'est un livre où l'on retrouve Grim, Chullunder Ghose, Benjamin et d'autres personnages admirables dont l'Américain Jeff Ramsden et l'Indien Narayan Singh. Il date de 1926 et n'a pas vieilli d'une ligne. Chaque chapitre porte un exergue provenant d'un livre imaginaire : la sagesse du lama tibétain Tsiang Samdup. Voici quelques extraits de ces exergues :

« Si tu t'es mis d'accord avec les dieux pour apprendre la vie en la vivant, ni les rois ni les peuples ne peuvent t'arrêter quoi qu'ils fassent. Tu seras aidé, au moment où tu t'y attendras le moins, par des étrangers ne sachant pas ce qu'ils font. »

« Il n'est pas étonnant que les secrets de Dieu soient gardés par des êtres féroces de nombreuses espèces. Celui qui désire les secrets doit les gagner. »

« Les véritables guides du savoir savent qu'on ne peut rien apprendre à qui que ce soit, mais qu'on peut apprendre à un élève à découvrir ce qui est en lui. Et c'est le seul savoir important. »

« Combien de langues y a-t-il au monde ? Et combien de sociétés secrètes ont-elles des signes de reconnaissance ? Et j'ai néanmoins observé que lorsque deux êtres de la même espèce se rencontrent, ils se reconnaissent même s'ils n'ont pas des paroles en commun. Comme un cavalier reconnaît un bon cheval, comme le chien reconnaît le chasseur, ainsi un bon maître reconnaît-il un élève où les graines du savoir peuvent être animées. »

« Plutôt que de prétendre que nous avons plus de sagesse que les dieux, pourquoi ne pas admettre que certains rêves nous lient à l'univers d'où nous sommes venus dans le monde de l'espace et du temps et où nous allons retourner ? Certains rêves sont des souvenirs de la sagesse acquise dans l'infinité du temps avant la naissance du monde et les sages entre les sages pensent que la vie terrestre n'est qu'un rêve. »

« Celui qui suit la Voie Moyenne est prudent dans ses jugements et ne lance pas des pierres de peur de casser les fenêtres de sa propre âme. »

« Celui qui n'a pas été éprouvé ne connaît pas ses faiblesses cachées. Mais il ne connaît pas ses forces cachées non plus. »

« À quoi bon savoir plus qu'on ne peut ? À quoi bon agir sans comprendre ? »

Cette sagesse se retrouve, non seulement dans les exergues, mais aussi à l'intérieur de tous ses livres.

A un moment donné, Grim parle avec un représentant des détenteurs des secrets anciens.

Grim lui demande : « De qui provient leur autorité ? »

Et la réponse est : « Qui a autorisé Galilée et Einstein à parler ? La vérité autorise, la vérité une fois révélée peut être déformée et utilisée d'une mauvaise façon, mais jamais éteinte. Le courage d'utiliser la vérité s'appelle conscience. Ce mot est boiteux, car il est tombé de très haut. »

Et le représentant des maîtres de continuer : « Pardonnez ma franchise, mais la différence entre un maquereau de Bombay et vous-même n'est pas plus grande que la différence entre vous et les Maîtres. Ils n'ont aucune raison de s'associer à vous pas plus qu'Einstein ne doit s'associer à des clochards. »

Grim pose alors une dernière question : « Que deviennent ceux qui ont essayé d'atteindre au niveau des Maîtres et qui ont échoué ? »

Et la réponse vient, terrible : « La loge blanche exclut mais ne tue pas. Les exclus deviennent les grands criminels. C'est de là que vient la légende des anges qui sont tombés. »

Cette terrible réponse m'a toujours fait penser à Karl Haushoffer, presque initié rejeté par le Tibet et qui créa Hitler pour se venger[137]. (Le lecteur qui veut en savoir davantage sur ce point particulier pourra lire d'abord mon livre[138] *Le Matin des magiciens* et ensuite, s'il veut approfondir davantage, le livre d'André Brissaud, *Hitler et l'Ordre noir*, paru en 1969 à la librairie académique Perrin). *The Devil's Guard*, on l'aura vu, est un extraordinaire mélange de philosophie et d'aventures. Grim et ses amis partent au Tibet à la poursuite d'un personnage peu recommandable appelé Elmer Rait, escroc qui a réussi à gagner la confiance des Tibétains et qui a trouvé un incroyable trésor de documents dont un manuscrit écrit de la main de Jésus et un livre juif plus important que la Kabbale. Mais Rait est finalement démasqué et périra ainsi que l'un des membres de l'expédition. Chullunder Ghose, avec un courage surhumain, arrivera à franchir les montagnes à pied à travers les passes interdites et à faire venir de l'aide permettant de sauver les autres. Durant leurs aventures, les explorateurs malgré eux auront rencontré des représentants des Maîtres et entrevu quelques-uns des secrets des anciennes civilisations qui survivent encore au Tibet.

Et nous arrivons maintenant à ce que je considère le maître livre de Mundy : *Les Neuf Inconnus*. C'est un livre où l'imagination et la réalité se mêlent d'une façon tout à fait inexplicable[139].

Car, tout à fait indépendamment de l'œuvre de Talbot Mundy, beaucoup de gens éminents et très loin d'être fous croient à l'existence de la Bienveillante Société des Neuf Inconnus. Cette société détiendrait les secrets des civilisations disparues et les aurait classés sous forme de neuf livres, chacun des livres étant détenu par un des Neuf. Des Hindous éminents, docteurs ès sciences des plus grandes universités européennes, m'ont dit croire en l'existence des Neuf Inconnus. Un très célèbre savant français m'a dit en avoir rencontré un membre. Tout récemment, un ouvrage soviétique affirmait : « Nous sommes sûrs en U.R.S.S. de l'existence des Neuf Inconnus ». Je sais bien que toutes mes rencontres et tous les renseignements que moi ou d'autres ont pu recueillir sur les Neuf Inconnus sont très postérieurs à la parution du livre de Talbot Mundy en 1923. Cependant, je ne pense pas que mes interlocuteurs indiens l'aient lu. Et le savant français qui m'a parlé des Neuf Inconnus méprisait la littérature d'imagination et n'en lisait jamais. Peu importe d'ailleurs : si les Neuf Inconnus n'existent pas, ils devraient bien exister.

Et l'idée fondamentale du livre, selon laquelle les secrets anciens n'auraient rien de mystique, mais seraient, avec des embellissements, dus à l'esprit oriental des données scientifiques et techniques provenant d'anciennes civilisations, me paraît parfaitement juste. Le narrateur de l'histoire prétend la tenir d'une douzaine des gens honorables et ajoute : « Non compris Chullunder Ghose, qui a tendance à broder. Mais mes autres témoins ont tendance, à des points de vue différents, à considérer la vérité comme économique. » Parmi ces personnages, admirablement décrits, se trouve le Révérend Père Cyprian, conservateur d'une bibliothèque où aucun lecteur n'a le droit d'entrer, et chercheur de livres maudits pour les brûler. On trouve aussi dans l'équipe qui partira à la recherche des Neuf Inconnus l'inévitable Grim et quelques autres personnages dont l'Australien Jeremy Ross, ainsi décrit : « Il arriva dans cette histoire en riant, la traversa avec un manque total de respect et rit encore. Tout comme à Gaza, où il partagea sa couverture déchirée avec un blessé turc et détruisit ses chances d'avancement en traitant un respectable colonel anglais de face d'œuf. »

Le même Jeremy expliquera plus tard que s'il a risqué sa vie dans cette aventure c'était pour apprendre comment on exécute le fameux tour de la corde... Parmi les autres personnages de cette aventure, trop nombreux, trop bruyants pour être tous énumérés, il faut citer Ali ben Ali de Sikunderam, qui coupe les gorges en frappant vers le haut et qui est l'exécuteur des hautes œuvres de cette compagnie. Ce groupe complexe s'élance à la poursuite des Neuf Inconnus à travers tous les périls de l'Inde secrète. A un moment donné, ils demandent à un homme qui a entrevu les Neuf Inconnus et qui sera très vite tué : « De quand date la société des Neuf Inconnus ? »

Et la réponse est : « De quand date l'Inde ? »

Puis vers le milieu du livre, vient la révélation.

Ceux que l'expédition combat n'étaient pas les Neuf Inconnus mais simplement des politiciens et des bandits à la recherche des secrets des Neuf Inconnus. Un véritable messager des Neuf, Bhima Ghandava, se présente enfin. Il révèle ce qu'il est possible de dire sans détruire le monde :

— Les Neuf Inconnus sont connus d'eux-mêmes sous un autre nom et sous un autre encore par le très petit nombre de ceux à qui ils font confiance. Ils existent et ils sont les gardiens de l'ancienne science.

— Leurs livres et leurs bibliothèques existent. Ceux qui ont brûlé la bibliothèque d'Alexandrie les cherchaient et ne les ont pas trouvés. L'empereur Akbar fouilla l'Inde entière pour trouver les livres et n'a jamais réussi. Et pourtant, quelques-uns de ces livres étaient cachés de son temps à moins d'une heure de marche de son palais.

— Le grand pouvoir, c'est l'énergie que l'on peut tirer de l'uranium, thorium et, surtout, de l'or. Trois pièces de monnaie, totalement désintégrées, raseraient une ville (Ceci fut imprimé en 1923 et écrit d'après Mundy lui-même en 1912[140].)

— Il existe des centaines de milliers de livres inconnus en Occident. Dans des cavernes sous le sable des déserts, il existe des livres contenant tout le savoir des nations qui ont disparu avant que naisse l'Atlantide. Il existe des livres dont l'alphabet n'est connu que par quelques-uns des Neuf Inconnus et non pas par tous les Neuf, dont la langue est si ancienne que le sanscrit est moderne en comparaison. Il existe des livres dont chacun contient plus de connaissances scientifiques que tout ce que savent les chimistes et les physiciens. Et le plus grand des bâtiments de la civilisation moderne ne pourrait contenir que le dixième de bibliothèques secrètes.

— Les forces dont disposent les Neuf Inconnus pourraient détruire la planète si les politiciens, les militaires et autres idiots s'en emparaient (ceci, également, fut imprimé en 1923).

— Les connaissances actuelles sur le corps humain, sans parler de l'esprit, sont nulles. Un médecin moderne en sait autant sur l'anatomie qu'un garagiste sur l'alchimie. (Je répète, ceci fut imprimé en 1923 avant la publication par les Chinois et les Coréens de la découverte du troisième système circulatoire dans le corps humain.)

Grim, le père Cyprian et leurs compagnons pourront assister, dans une caverne sous le Gange, au plus grand des mystères. Ils verront des hommes portant des scaphandres de protection désintégrer totalement une petite quantité d'or. L'énergie libérée stérilise le Gange et c'est pour cela que les pèlerins peuvent s'y baigner sans tomber malades.

Ce fait particulier me fut confirmé par un grand savant qui avait rencontré aux Indes l'un des Neuf Inconnus. Je lui dis : « Monsieur, la théorie de la science officielle est qu'il se forme dans le Gange du bactériophage qui protège les pèlerins. »

Mon interlocuteur ricana : « Et pourquoi votre bactériophage ne se forme-t-il pas aussi dans l'Amazone ou l'Irrawidi ? »

Je n'ai pas su quoi lui répondre.

Plus tard, un savant indien éminent m'a confirmé qu'on a en effet détecté dans le Gange une radiation stérilisante venant du fond de la rivière.

Dans le récit de Talbot Mundy, le messager des Neuf Inconnus qui accompagne les aventuriers leur dit : « Bénarès a disparu dix fois depuis que le temple où vous êtes a été fondé. Ce temple fut ancien et on y célébra l'ultime mystère de la désintégration totale de la matière avant que l'on ne construise les pyramides. Les édifices et les civilisations passent, mais la réalité demeure. »

Grim ose demander : « Avons-nous vu les Neuf Inconnus ? »

Et la réponse tombe, sèche : « Ceux que vous avez vus sont des disciples. Vous ne verrez jamais les Neuf Inconnus. »

Les aventuriers ne verront pas non plus les livres des Neuf Inconnus, sauf la copie d'un des chapitres qu'on leur laisse.

Un des serviteurs du père Cyprian arrachera la page de garde du chapitre portant un diagramme donnant les relations entre l'univers et l'atome et s'en servira pour fonder une religion...

Sur le plan de l'écriture et du roman d'aventures, *Les Neuf Inconnus* sont une œuvre tout à fait parfaite.

Toute l'Inde mystérieuse y paraît et les aventures des personnages sont autant d'études de caractères tout à fait admirables. Sur le plan des révélations, on voudrait évidemment en savoir davantage. Mais Talbot Mundy, visiblement, ne cherche pas à fabuler et manifeste même un certain scepticisme. À un moment donné, il remarque : « Nombreux sont ceux qui commencent à parler dans le langage de l'ancienne Atlantide et qui continuent banalement en punjabi. »

Mundy, d'ailleurs, n'a jamais écrit d'ouvrages contenant des développements sur ce qu'il avait appris.

À ma connaissance, il n'a écrit qu'un recueil d'essais qui est intitulé : *Je vois le soleil se lever*[141]. Il s'agit là de réflexions métaphysiques générales sans précisions sur les civilisations disparues. Il faut donc se contenter de ce qu'il nous a laissé.

Je n'ai jamais visité l'Inde.

Ceux qui l'ont fait me disent que c'est un pays misérable et décevant et que le monde de Talbot Mundy est aussi imaginaire que ceux de Howard ou de Tolkien.

Peut-être et peut-être aussi que ceux qui ont visité l'Inde et qui m'en ont parlé l'ont fait avec des yeux neufs ; or, comme le dit très justement G.K. Chesterton : « Les yeux neufs ne voient pas l'invisible ».

Il est certain en tous cas — l'œuvre de Talbot Mundy mise à part — que les preuves de l'existence des civilisations disparues se multiplient de plus en plus. On trouve en particulier en Chine des objets qui paraissent avoir été fabriqués avec des techniques très avancées et notamment des objets en bronze d'aluminium. Il n'est pas exclu que les livres de Talbot Mundy ne soient un jour relus et étudiés pour suivre les pistes qu'ils indiquent. Mais je ne pense pas que ce soit là leur intérêt principal.

Cet intérêt me paraît résider surtout dans le fait que Mundy crée un monde. Même si l'Inde après tout n'est que de la pacotille, même si l'Égypte ne recèle réellement pas de secrets, Mundy les a utilisés pour créer un univers plus riche que le nôtre où toutes les aventures sont possibles.

Ce monde, Mundy l'aime et il écrit avec joie. Et c'est pour cela qu'il n'est pas important, au fond, de savoir s'il a observé ou s'il a créé. Je pense qu'il y a un mélange des deux.

Biobibliographie de Talbot Mundy :

Né en 1877 - Mort en 1940.
Profession principale : agent secret.
Professions secondaires : historien, mystique, romancier.

Ouvrages traduits en français :

Om, Nouvelles éditions latines, 1936.*

Il existerait aussi une édition bon marché du roman *Yasmina*, mais je ne l'ai jamais vue et on ne la retrouve pas à la Nationale. **

<u>Bibliographie actualisée :</u>

Yasmini, princesse de Sialpore, trad. Louis Postif, Paris, « Le magasin romanesque », Stock, 1925.
L'Œuf de jade, trad. Louis Postif, Paris : Nouvelle Société d'édition, 1930.
— Paris : Nouvelles Éditions Oswald, 1980 (« Fantastique, science-fiction, aventures » 19).
Les Neuf Inconnus, trad. Claude Gilbert, Monaco : Éditions du Rocher, 1976.
Il était une porte, trad. Francis Bourcier, Paris : Nouvelles Éditions Oswald, 1990 (« Grands romans » 2).

(*) N.d.É. : Il s'agit en fait de *L'Oeuf de Jade* (cf. la bibliographire actualisée).
(**) N.d.É. : Bergier voulait sans doute parler de *Yasmini* (cf. la bibliographie actualisée).

Postface

de Jacques Bergier

« Une lueur d'espoir »

POSTFACE
« Une Lueur d'espoir »

Lorsque j'écrivais *Admirations*, je n'avais aucun espoir de faire connaître ces livres au lecteur français.

La situation vient de changer : Christian Bourgois prend l'initiative de faire une collection où la plupart de ces merveilles pourront enfin voir le jour en français.

Toutes proportions gardées en ce qui me concerne, je me sens dans l'état d'esprit de Baudelaire lorsqu'il révéla Poe, et de Claude Farrère lorsqu'il révéla Kipling.

Car je suis persuadé que les auteurs que nous allons, Christian Bourgois et moi-même, faire connaître, sont du calibre de Poe, de Kipling, de Lovecraft ou de Conan Doyle.

Dans ce cas, diront les malins, pourquoi ne sont-ils pas davantage connus ?

Ceci me rappelle une petite aventure personnelle : l'hebdomadaire américain *Life* m'appelle pour me demander ce que je pensais d'un savant français autrement plus éminent que moi. Légèrement surpris, j'explique au journaliste américain que le savant en question est un personnage très important, à qui l'humanité doit beaucoup.

Sur quoi l'Américain me demande : « S'il est si intelligent, pourquoi n'est-il pas riche ? »

De même, on pourrait en effet demander pourquoi des auteurs qui ont ouvert des univers aussi étendus, voyagé tellement loin, ne sont pas connus en France.

Je ne prétends pas répondre à cette question avec une fiabilité de 100 %. Je dirais simplement que si des auteurs français du même genre et de même valeur ne sont pas connus dans leur propre pays, pourquoi des étrangers le seraient-ils davantage ?

Une vie de donquichottisme m'a appris que l'on ne peut pas corriger toutes les injustices.

On peut du moins en corriger quelques-unes et c'est ce que Christian Bourgois et moi allons essayer de faire.

Jacques Bergier

Épilogue

Le lecteur que ce livre a intéressé est en droit de me demander : « Mais êtes-vous sûr d'avoir cité tous les écrivains magiques ? » Certainement pas.

J'irais même jusqu'à dire qu'il doit y en avoir que je ne connais pas. En particulier au Japon : je ne connais la littérature d'imagination japonaise que par quelques textes traduits en russe, mais cela suffit pour montrer qu'elle doit être très riche. Mais indépendamment des auteurs que je ne connais pas et du vaste et ignoré domaine français, il reste encore beaucoup de grands noms.

Si un jour j'ai la chance immense de faire un *Admirations* II, voici la liste que je propose :

— Gustav Meyrinck ou le Gardien de la porte ;
— Clark Ashton Smith ou le Sculpteur de l'invisible ;
— Jorge Luis Borges ou le Labyrinthe ;
— Eric Temple Bell ou les Mathématiques de la magie ;
— Fred Hoyle ou le Savant qui rêve ;
— Olaf Stapledon ou le Créateur d'étoiles ;
— Arkady et Boris Strougatsky ou la Difficulté d'être Dieu ;
— Lord Dunsany ou l'Epée de Welleram ;
— Jean Ray ou les Cercles de l'épouvante ;
— Arthur C. Clarke ou les Enfants d'Icare.

Au revoir.

Jacques Bergier

Note sur la revue *Argosy*

La revue *Argosy*, dont il est beaucoup question dans ce livre, ne doit pas être confondue avec les deux excellentes revues qui existent actuellement et qui, toutes les deux, portent ce titre. L'une, anglaise, est une revue de fiction générale, l'autre, américaine et qui fait suite à l'*Argosy* dont nous allons parler, est une revue « masculine » de sports, de chasse, de souvenirs de guerre et de fiction d'aventures.

Argosy, l'*Argosy* britannique[142], fut fondé en décembre 1882 par l'éditeur américain Frank Munsey.

Il exista sous la forme que lui a donné Munsey : une revue de l'aventure générale : western, policier, historique, science-fiction, espionnage jusqu'au début de 1942.

Ensuite, durant 1942, elle fut transformée en une espèce d'anticipation de *Play-Boy*. Il était trop tard* et la revue eut des ennuis avec la censure. Après quoi *Argosy* fut vendu à une autre société et apparut en septembre 1943 sous sa forme actuelle.

1882-1942 donc. Soixante ans pendant lesquels la revue lança Jack London, Edgar Rice Burroughs et O. Henry, et découvrit pratiquement tous les grands écrivains du fantastique et la plupart des grands écrivains en littérature tout court.

Chacun des merveilleux numéros d'*Argosy* apportait chaque semaine quatre romans à suivre, un roman complet et des nouvelles. Le plus souvent, ces romans étaient classés : Western, policier, grand Nord, etc. On s'aperçut assez vite à *Argosy* qu'il y avait des récits qui ne rentraient dans aucune catégorie. L'un des rédacteurs en chef créa alors vers le début du siècle la dénomination «littérature différente», qui a survécu jusqu'à nos jours. C'est sous cette dénomination que sont parus quelques-uns des plus grands récits d'imagination de tous les temps. Les revues de science-fiction ne sont apparues en Amérique que beaucoup plus tard, les revues du fantastique aussi. Sans *Argosy*, ce livre n'aurait pas existé. Sans les dix millions de lecteurs d'*Argosy*, la science-fiction américaine, le fantastique américain et même la science américaine n'auraient pas connu leur prodigieux essor.

Ma collection d'*Argosy* a été saisie par la Gestapo en 1944. J'ai pu récupérer avec beaucoup de difficultés quelques numéros lors d'un voyage aux États-Unis et quelques réflexions sur le numéro du 2 novembre 1940 ont peut-être quelque intérêt.

Le numéro porte fièrement cette mention extraordinaire pour une revue : volume 303 – n° 2. J'ai bien dit 303 !

En soixante ans à peu près de parution, cela correspond à environ cinq volumes par an et correspond également à trois mille numéros, certains ayant cent vingt pages et d'autres jusqu'à deux cents.

C'est un trésor qu'on a exploré plus d'une fois et l'on a même fait des revues spéciales, en particulier *Famous Fantastic Mysteries*, pour l'exploiter. C'est un trésor cependant largement inconnu même aux États-Unis, car il existe peu de collections complètes. Le numéro du volume 303, réduit par la guerre, n'avait que trois romans à suivre : une science-fiction, un historique, un espionnage, un court roman complet et deux nouvelles. J'espère qu'un jour un éditeur américain se procurera un jeu complet et en fera l'exploration : on découvrira peut-être des écrivains totalement inconnus de la classe de ceux qui font l'objet du présent volume.

Néo-Postface :

« Au revoir, Monsieur Bergier »

NÉO-POSTFACE

« Au revoir, Monsieur Bergier »

par Christophe Thill

« *Au revoir* » : c'est sur ces mots que Jacques Bergier prend congé de son lecteur à la fin d'*Admirations*. Non pas un adieu, mais un petit signe de connivence, presque un clin d'œil ; une promesse, en tous cas, et une invitation à être attentif aux choses à venir. En effet, après avoir alléché le lecteur en lui révélant ces dix « écrivains magiques », il lui laisse entrevoir leur prochaine parution française dans une nouvelle collection dirigée par lui et publiée par Christian Bourgois [*], ainsi que, peut-être, la sortie d'un *Admirations II* consacré à dix autres auteurs (qu'il énumère). De quoi saliver ! Trente ans plus tard, on constate que, si Bergier a en grande partie atteint le but qu'il s'était fixé, il serait vain cependant de tenter de mettre la main sur ce livre ou cette collection. Que s'est-il passé exactement ?

C'est lors de la préparation de l'édition française d'*Épouvante et surnaturel en littérature* de H. P. Lovecraft (1969) que Christian Bourgois fait la connaissance de Jacques Bergier. Le travail effectué par le traducteur ne le satisfaisant pas, l'éditeur entre alors en contact avec Bergier, qui est un ami de celui-ci. Le « scribe des miracles » accepte d'aider à dénouer la situation en faisant réaliser une nouvelle traduction, et présente au passage un autre projet, un livre dans lequel il parle de dix écrivains, dix grands noms du fantastique et de la science-fiction qu'il souhaite faire connaître au public français.

« *Jacques Bergier, pour moi, raconte Christian Bourgois, c'était un merveilleux vieux monsieur dont la conversation me passionnait, un homme extraordinaire mais farfelu, qui entreprenait cent choses et en réalisait vingt. Je lui ai proposé de diriger la collection* « *Admirations* », *mais il a fini par refuser, sans doute trop occupé.*

« *Par la suite j'ai contacté les éditeurs anglais et américains de ces auteurs : Howard, Merritt... Le plus souvent je n'obtenais même pas de réponse. Et puis un jour une autorisation est venue de l'éditeur britannique Allen & Unwin, pour les livres de Tolkien. J'ai alors sorti* Le Seigneur des Anneaux, *réédité de nombreuses fois depuis, et Tolkien est devenu mon plus grand auteur, tant par son talent fabuleux que par sa grande notoriété.* » [**]

Admirations voit donc le jour en janvier 1970. Comme on peut le constater à sa lecture, en particulier en comparant les bibliographies originales et actualisées, le quasi-désert éditorial d'alors s'est métamorphosé en quelque chose de beaucoup plus luxuriant, et Bergier a largement contribué à cette transformation qu'il appelait de ses vœux.

Ce n'est pas la première fois que Bergier se plaisait à jouer ainsi un rôle de pionnier. *Le Matin des magiciens* contenait déjà des extraits d'Arthur Machen, Jorge Luis Borges, Arthur C. Clarke et Walter Miller : autant d'auteurs de qualité, peu reconnus encore en 1960. Et bien sûr, comment ne pas mentionner les « vingt-cinq ans d'efforts » qu'il lui a fallu pour faire connaître H. P. Lovecraft au public français !

Mais penchons-nous un moment sur le destin éditorial ultérieur des dix auteurs « admirés ». Parmi les grands bénéficiaires de ce livre, le premier nom qui vient à l'esprit est celui de Tolkien. Comme on l'a vu, l'édition française du *Seigneur des anneaux* est une conséquence directe des efforts de longue date de Bergier pour populariser Tolkien (il y faisait déjà référence dans sa chronique des livres dans *Fiction* au début des années 50). La *fantasy* n'a jamais cessé de reconnaître Tolkien comme un de ses fondateurs, et il en est toujours l'un des noms les plus fameux ; il est donc logique que le fort succès qu'elle connaît depuis quelques années s'accompagne d'une plus grande célébrité encore pour Tolkien.

Le cas de Robert E. Howard est à peine moins remarquable. « Aucun livre publié en français », note Bergier qui ne trouve à mentionner que quelques nouvelles. Dès le début des années 70, voici que la série des *Conan* sort en traduction française (y compris les textes « complétés », c'est-à dire écrits de A à Z ou presque, par Sprague de Camp ou Lin Carter), pour être plus tard reprise dans une édition de poche à fort tirage. Une décennie plus tard, le succès du film *Conan le barbare* aidant, ce sont les excellentes et très regrettées éditions NÉO qui se lancent à l'assaut de l'intégrale de Howard. Une vingtaine de volumes verront le jour, rapidement réédités au Fleuve Noir peu après la disparition de NÉO. Si ces livres sont relativement difficiles à trouver aujourd'hui en-dehors des bouquinistes, ils sont présents dans nombre de bibliothèques et témoignent du sérieux effort éditorial qui a été fait pour présenter au public français celui que l'on considère comme le créateur de l'*heroic fantasy*. N'oublions pas également qu'en raison de son association passagère avec le « Mythe de Cthulhu » (essentiellement par l'intermédiaire de son ouvrage mythique *Unaussprechlichen Kulten*), Howard voit certaines de ses nouvelles rééditées dans des anthologies lovecraftiennes, voire dans des recueils de Lovecraft ! Cette double affiliation a sans nul doute profité à sa notoriété auprès du public ; néanmoins lorsqu'on parle de lui, il est toujours conseillé de préciser « le créateur de Conan » si l'on souhaite vraiment être compris.

Malgré un volume de publications plus faible, Abraham Merritt s'en sort lui aussi très bien ; peut-être même encore mieux, puisque ses grands romans édités chez J'ai lu n'ont jamais cessé d'être disponibles. Merritt est maintenant assez généralement considéré comme le trait d'union entre le grand récit d'aventures à la Henry Rider Haggard, à base de civilisations qu'on croyait disparues, et le fantastique à la sauce SF représenté par H. P. Lovecraft ; et il serait impensable de ne pas retrouver ses récits dans toute bonne anthologie consacrée aux mondes perdus. Là encore, NÉO a fait un beau travail en nous offrant des nouvelles et des romans moins célèbres que *Le Gouffre de la Lune* ou *Les Habitants du mirage*.

Un autre auteur gagnant, malgré un volume total publié plus restreint encore, est Arthur Machen. Dans son cas en particulier, il est facile de repérer l'influence des efforts de Bergier et de Christian Bourgois, puisque c'est le second qui sous l'influence du premier a publié son recueil *Le Peuple blanc*, sans oublier le rôle qu'a pu jouer *Épouvante et surnaturel en littérature* de Lovecraft : rappelons que Machen y reçoit d'abondantes louanges, au même titre d'ailleurs que quelques excellents auteurs tout aussi peu familiers au lecteur français, comme lord Dunsany, Montague Rhode James ou Robert W. Chambers. Quoi qu'il en soit, Machen est maintenant assez connu pour que son *Grand Dieu Pan* fasse figure de quintessence du fantastique décadent et soit réédité en Librio.

Le cas de John Buchan est un peu différent. Édité en français dès la Première Guerre mondiale, porté par l'adaptation de ses *Trente-Neuf Marches* par ce génie du cinéma populaire de haute tenue qu'est Alfred Hitchcock, avec plusieurs de ses livres régulièrement réédités dans de grandes collections de policier ou d'espionnage, Buchan n'apparaît pas vraiment comme un auteur maudit [***]. Les lauriers que lui tresse Bergier n'ont sans doute pas ajouté grand chose à son audience.

Voilà donc pour les auteurs qui ont incontestablement bénéficié des louanges bergiériennes. Et les autres ? Force est de constater que pour les cinq qui restent, les choses ne se sont pas aussi bien passées.

Il y a d'abord John Campbell. Est-il seulement « magique » ? Au-delà de l'émerveillement exprimé par Bergier, Campbell l'écrivain nous apparaît plutôt aujourd'hui comme un auteur peu exceptionnel, et d'ailleurs toujours peu connu. Pour l'amateur de SF, il est avant tout un grand rédacteur en chef, celui à qui l'âge d'or de la science-fiction classique américaine doit une revue mythique et plusieurs grands noms. Pour certains cinéphiles, il est l'auteur de l'histoire que John Carpenter a adaptée pour en faire son chef d'œuvre d'horreur SF, *The Thing* (bien supérieur au film des années 50 avec ses relents de maccarthysme). Ajoutons que sa grande amitié pour Lafayette Ron Hubbard, auteur de science-fiction à bon marché et fondateur de la scientologie, n'a sans doute pas amélioré sa popularité posthume.

Clive Staples Lewis lui non plus n'est pas devenu un nom familier dans notre pays. Les éditions NÉO (encore elles !) ont fait un beau travail en rééditant sa fameuse trilogie, mais elles n'ont pas déclenché un mouvement ; il est vrai que la fiction de Lewis est peu abondante, et ses ouvrages de théologie sans doute pas très passionnants...

Stanislaw Lem a joué le rôle du plus grand écrivain de SF des pays de l'Est, et ses ouvrages ont plus d'une fois été adaptés au cinéma, avec des résultats variables il est vrai (seul *Solaris* de Tarkovski est encore regardable). En France, la collection « Présence du futur » entre autres a accueilli plusieurs de ses romans et recueils, essentiellement à partir de la fin des années 70. S'il est maintenant relativement connu dans le milieu des passionnés de science-fiction, Lem n'est pas pour autant devenu un auteur célèbre dans nos régions.

Talbot Mundy se trouve dans un cas moins favorable encore. Grâce à NÉO qui a réédité deux de ses romans, il est aujourd'hui un peu moins obscur, mais sans plus. Cet écrivain racontant des secrets extraordinaires tout en laissant supposer qu'ils sont peut-être vrais avait tout pour plaire à Bergier ; les éditeurs n'ont pas suivi celui-ci, et le public encore moins.

Enfin, le grand perdant est Ivan Efremov. Le professeur russe n'a eu droit qu'à quelques nouvelles isolées et une poignée de livres devenus introuvables (comme ce petit volume des éditions Rencontre publié sous l'impulsion directe de Bergier) qui, s'ils ont attiré l'attention d'une partie des passionnés de science-fiction, n'ont pas été remarqués par un lectorat très large ; et l'auteur d'*Admirations* serait certainement attristé de voir que son compatriote n'a pas gagné beaucoup de notoriété en trente ans. La barrière de la langue et la difficulté de trouver les textes originaux risquent de contribuer encore quelque temps à cette situation.

Qu'il s'agisse de succès spectaculaires ou d'échecs relatifs, on ne peut qu'être frappé par l'ampleur du travail accompli par Jacques Bergier en faveur des dix auteurs d'*Admirations*, tout comme de bien d'autres également, d'ailleurs. Des années 50 à sa mort, Bergier n'a cessé de faire entendre sa voix afin de promouvoir les auteurs qu'il jugeait importants dans tous les supports à sa disposition. Et il n'en a pas manqué : des pages critiques de *Fiction* à l'*Encyclopédie de la Pléiade*, en passant par la radio et la télévision toujours gourmandes de son personnage de savant Cosinus à l'accent caractéristique, c'est un peu partout qu'on retrouve le « scribe des miracles », préfaçant et postfaçant à tour de bras, lançant des collections chez des éditeurs amis (Rencontre, Opta, Club du livre d'anticipation...) jusqu'à ce que la revue *Planète* lui offre enfin une tribune permanente, prolongée par les superbes anthologies *Planète* dans la préparation desquelles il joua un rôle non négligeable. Aujourd'hui, le résultat, même inégal, est sous nos yeux : science-fiction et fantastique ont maintenant acquis une dignité proprement littéraire qu'ils étaient loin de posséder auparavant, et Jacques Bergier y est pour beaucoup.

Le moment est venu de nous dire au revoir, monsieur Bergier. Vous avez bien travaillé pour nous, lecteurs amoureux de l'imaginaire ; vous nous avez certes raconté quelques histoires un peu folles, mais aussi bien des récits merveilleux, et sans vous, quelques-uns de nos auteurs préférés nous seraient toujours inconnus. Alors, au revoir... et merci.

Christophe Thill

(*) Reproduction du texte de la quatrième de couverture de l'édition originale :
« *Il existe des écrivains dont l'œuvre dépasse le cadre de la littérature. Comme l'a dit Arthur Conan Doyle : « Ils sont passés à travers la porte magique ». Dix de ces écrivains, pour la plupart totalement inconnus en France, font l'objet de ce livre. La plupart sont des Américains ou des Anglais, mais il y a également un Soviétique et un Polonais. Ils n'appartiennent à aucun genre déterminé, bien que leur œuvre se rapproche tantôt de la science-fiction, tantôt de la théologie et parfois du conte de fées. Il s'agit, suivant une expression américaine, de «littérature différente ». Il s'agit aussi de descriptions de l'univers où nous vivons, dont la réalité n'a rien à voir avec son apparence. L'auteur a inventé le qualificatif «réalisme fantastique » qui lui paraît particulièrement bien s'appliquer à ce genre d'ouvrage. Et cet ensemble d'études permet à Jacques Bergier de se livrer à quelques réflexions et d'essayer une explication du monde où, selon le mot de Jean Perrin, «on explique le visible compliqué par l'invisible simple». »*

(**) Conversation téléphonique du 29 septembre 2000.

(***) Malheureusement, les éditeurs français ne semblent guère avoir été tentés par la traduction de ses nouvelles fantastiques (J. Altairac).

NOTES

NOTES :

(Les Editions de l'Œil du Sphinx remercient Joseph Altairac et Christophe Thill pour l'impressionnant travail de mise à jour bibliographique qu'ils ont effectué).

1-Publié en français sous le titre Les *Œufs fatidiques*. L'œuvre de Boulgakov est désormais largement traduite en France.
2- Il existe une nouvelle de Nicolas Gogol portant ce titre.
3- *L'Encyclopédie de l'Utopie et de la S.F.* (1973) de Versins a en grande partie comblé cette lacune.
4- Réédité en 1995 dans la collection Librio.
5 -Paris : Gallimard, 1960.
6-… et John W. Campbell, et J. R. R. Tolkien.
7-Film de 1935.
8- *sic* Bergier veut sans doute parler de Staline (le livre date de 1921).
9- En fait, *La troisième* (voir bibliographie). Et il s'agit d'un ouvrage (*Les Aventures de Richard Hannay*) en deux volumes distincts.
10- Voir note précédente. Bergier utilise plusieurs fois dans la suite du texte ce titre imaginaire.
11- Notons qu'aux États-Unis comme en Europe, la révolution russe de 1917 avait entraîné une intensification des luttes sociales. Quant aux haines raciales, elles se traduisent par la loi des quotas de 1924, qui restreint sévèrement l'immigration des Juifs, Slaves et autres Latins .
12- À rapprocher de la fameuse affirmation de Bergier comme quoi, lorsqu'il avait félicité H. P. Lovecraft pour sa description fidèle d'un quartier de Paris et lui avait demandé s'il avait jamais visité notre capitale, l'écrivain américain lui avait répondu : «Avec Poe, en rêve» (préface au recueil *Démons et Merveilles*, Éditions des Deux-Rives, 1955). En fait, le lieu en question ne ressemble à aucun quartier réel de Paris (et Bergier n'a vraisemblablement jamais correspondu avec Lovecraft).
13- *The Island of Sheep (Man from the Nordlands)*, 1936. Traduit sous le titre *L'Ile aux Moutons* (cf. Bibliographie actualisée)
14- En fait, 1917, bien que certaines sources donnent 1916...
15- *The Dancing Floor* signifie plutôt «La piste de danse». Traduit depuis sous le titre *L'aire de danse* (voir bibliographie).
16- Toujours inédit. *The Gap in the curtain* (1932).
17- Toujours inédits. *The Runagates Club* (1928) et *The Moon Endureth* (1912).
18- *The Loathly Opposite*.
19- *The Wind In The Portico*.
20- *Sick Heart River* (1941).
21- Même titre en version originale.
22- Même titre en version originale.
23- Étonnons-nous au passage que Bergier n'évoque pas à ce propos H. P. Lovecraft.
24- Toujours inédit. *Witch Wood* (1927).
25- *The Path of the King* (1921).
26- *A Prince of the Captivity* (1933).
27- Sans doute *sic* pour *suggestion*.
28- Là aussi il s'agit de la traduction littérale d'un titre anglais. La nouvelle est parue en français sous le titre *La Porte des dragons* dans le recueil *La Femme du bois*.

29- Titre français : *Les Êtres de l'abîme* (dans *La Femme du bois*).
30- Titre français : *Trois lignes de vieux français* (dans *La Femme du bois*).
31- Titre français : *La Nef d'Ishtar*.
32- On peut tout simplement penser que l' érotisme de *La Nef d'Ishtar* était trop léger pour ce genre d'éditeur.
33- Titre français : *La Femme du bois*.
34- Titre français : *Sept pas vers Satan*.
35- *La Mère des serpents* qui devient la 2ème partie du roman *Le Visage dans l'abîme* (consulter la bibliographie).
36- Sic pour religion.
37- «de quelque dieux qu'il puisse exister».
38- *The Devil Dolls (Les Poupées du diable)*, Tod Browning, 1936. Lionel Barrymore joue le rôle du héros, un forçat évadé qui se déguise en vieille femme pour assouvir sa vengeance.
39- *The Black Wheel (1947)*, encore inédit en français en 2001.
40- Sic pour «alcaloïdes».
41- Existe dans le recueil *La Femme du Bois* (consulter la bibliographie).
42- *The Anatomy of Tobacco*, Londres : George Redway, 1884.
43- Sic pour Marguerite de Navarre, *The Heptameron*, Londres : George Routledge & Sons, 1905.
44- *The Memoirs of Jacques Casanova* (12 vol.), Londres : Casanova Society, 1922.
45- *Fantastic Tales or the Way to Attain*, New York : Boni & Liveright, 1923.
46- *The Three Imposters*, Londres : John Lane, 1895 (inédit en français).
47- Titre français : *Le cachet noir.*
48- *Hyeroglyphics*, Londres : Grant Richards, 1902 (inédit en français).
49- *The Secret Glory*, Londres : Martin Secker, 1922 (inédit en français).
50- *Far Off Things*, Londres : Martin Secker, 1922 ; *Things Near and Far*, Londres : Martin Secker, 1923 ; *The London Adventure*, Londres : Martin Secker, 1924 (tous inédits en français).
51- Dans le recueil *Le Peuple blanc.*
52- *The Angels of Mons: The Bowmen and Other Legends of the War*, Londres : Simpkin, Marshall, Hamilton & Kent, 1915.
53- *The Terror*, Londres : Duckworth, 1917. En français dans *Le Peuple blanc.*
54- Présents dans plusieurs numéros de la revue *Planète* co-animée par Jacques Bergier, en 1967-68.
55- Cette histoire est racontée par Machen au début de sa nouvelle *Ouvrir la porte* ; il n'est pas certain qu'elle lui soit réellement arrivée.
56- Formule de Maurice Renard, que Jacques Bergier avait reprise à son compte et inscrite sur sa carte de visite.
57- *The Cosy Room*, Londres : Rich & Cowan, 1936 (inédit en français).
58- *The Children of the Pool and Other Stories*, Londres : Hutchinson, 1936 (inédit en français).
59- Sic pour *Pâques Noires.*
60- Sic pour *Les Chiens de Tindalos.*
61- Plutôt *Les villes nomades*, Denoël, coll. Présence du Futur.
62- Citation également insérée par Bergier dans sa préface au recueil de H. P. Lovecraft *Démons et Merveilles* (1955).
63- *Le Cachet noir* à nouveau. En réalité, c'est le sujet de *L'Histoire de la poudre blanche*, un autre des «romans» qui composaient à l'origine le recueil *The Three Imposters*.
64- *Rencontre au-dessus du Tuscarora*, dans le recueil *Récits* (voir la biobliographie).
65- *Le lac hanté*, dans le recueil *Récits* (voir la bibliographie).

66- *Olgoï-khorkhoï*, dans le recueil *Récits* (voir la bibliographie).
67- Cet animal, sous le nom d'*olgoï-khorkoï*, fait toujours parler de lui dans les cercles cryptozoologiques.
68- Dans le recueil *Récits*.
69- *Les vaisseaux du firmament*, dans le recueil *Récits*.
70- *La roche sublunaire*, dans le recueil *Récits*.
71- *When the Atoms Falled*, aucune traduction française à ce jour.
72- *The Metal Horde*, aucune traduction française à ce jour.
73- *The Voice in the Void*, roman inédit en France.
74- *Piracy Prefered*, aucune traduction française à ce jour.
75- *Solarite*, aucune traduction française à ce jour.
76- *The Black Star Passes*, aucune traduction française à ce jour.
77- *Islands of Space*, roman inédit en France.
78- *Invaders from the Infinite*, roman indédit en France.
79- Titre français : *La Machine suprême*.
80- Dans le recueil *Le Ciel est Mort*.
81- Dans le recueil *Le Ciel est Mort*.
82- Dans le recueil *Le Ciel est Mort*, sous le titre « Le Ciel est Mort ».
83- *Point de Friction* , dans le recueil *Le Ciel est Mort*.
84- *Forgetfullness*, inédit en France.
85- *L'Eveil d'Aesir* , dans le recueil *Le Ciel est Mort*, nouvelle édition (Laffont ou Livre de Poche n° 7227).
86- *Le Manteau d'Aesir* , Dans le recueil *Le Ciel est Mort*, nouvelle édition sus-citée.
87- Le véritable titre français est *La bête d'un autre monde*, dans le recueil *Le Ciel est Mort*.
88- La transformation du titre n'aura lieu qu'en 1960. Par la suite, Bergier emploie indifféremment les titres *Analog* ou *Astounding* .
89- Dans le recueil *Le Ciel est Mort*.
90- Film de 1956 réalisé par Christian Nyby et produit par Howard Hughes.
91- *The Idealist*, non traduit en français.
92- *The Infinite Atom*, non traduit en français.
93- *The Incredible Planet*, non traduit en français.
94- Bergier lui-même a eu le plaisir de voir les événements lui donner tort… en grande partie grâce à son propre travail.
95- Titre français : *Bilbo le Hobbit*.
96- Les principales de ces revues sont : le journal trimestriel de la société américaine Tolkien. La société organise des réunions et des conférences sur Tolkien. Le prix Nobel anglais, W.H. Auden, a parlé à une de ces réunions. Il fut un élève de Tolkien. L'adresse de la société est c/o Dick Plotz, 159 Marlborough R. d. Brooklyn, New York. *Le Dragon vert*, supplément irrégulier du précédent. *Palantir, Ancalagon et Entmoot*. Ce sont des revues d'amateurs, trimestrielles, dont les noms figurent dans la langue imaginaire inventée par Tolkien. Un de ces journaux notait récemment que, dix mois après la parution du *Seigneur des anneaux* en volume de poche (plus précisément sous forme de trois livres dans un étui de carton) 500 000 exemplaires avaient été vendus ! **(*Note de Jacques Bergier*)**
97- La télévision ne s'est guère intéressée à Tolkien, mais le cinéma…
98- Ce n'est pas la première fois que Bergier exprime son antipathie pour le mouvement de mai 68. Voir notamment l'interview qu'il donne à Jacques Chancel dans une *Radioscopie* de 1968.
99- Titre français : *Voyage à Vénus*.
100- Titre français : *Cette Hideuse Puissance*.
101- Le seul ouvrage au titre approchant est *Tactique du diable*.

102- *Till We Have Faces : A Myth Retold*, non traduit en français.
103- Véritable titre en français : *L'incrédulité du Père Brown*, Gallimard, 1932.
104- J'ignore si cette théorie a eu un grand succès, mais il n'en est plus guère question aujourd'hui.
105- L'orthographe polonaise est «Stanisaw».
106- Le seul ouvrage au titre approchant est *Retour des étoiles*. Une partie des textes de ce recueil (*Dzienniki Gwiadowe*), dont il n'y a pas d'équivalent français, se retrouve dans le recueil *le Bréviaire des Robots*.
107- *Oblok Magellana* (1955), inédit en France.
108- Une partie des textes de ce recueil (*Inwazja z Aldebarana*), dont il n'y a pas d'équivalent français, se retrouve dans *Le Bréviaire des Robots*.
109- Titre français : *Le Bréviaire des Robots*.
110- Sic pour *Eden*.
111- *L'Obscurité et la Moisissure*, dans le recueil *Le Bréviaire des Robots*.
112- Citation que nous avons déjà rencontrée.
113- Si Lovecraft l'écrivain aimait construire des histoires sur cette idée, Lovecraft le rationaliste n'en pensait en fait pas un mot.
114- *Sic* pour Sumériens.
115- *Conan Le Conquérant* (voir la bibliographie de Howard). Plus loin, Bergier baptise ce roman *L'Heure du Dragon*, titre plus conforme au titre américain : *The Hour of the Dragon*..
116- Rappelons que Hitler prit le pouvoir en 1933 et faisait parler de lui, y compris à l'étranger, dès la fin des années 20, même si bien peu à cette époque auraient pu voir en lui un faiseur d'holocaustes en puissance.
117- *Dans le cœur noir de la montagne* serait plus juste.
118- Titre français : *Lance et croc*. Dans le recueil *Le Tertre Maudit*.
119- *La Race Oubliée*, dans le recueil *Bran Mak Morn* (voir la bibliographie).
120- *La Hyène*, dans le recueil *Kirby O'Donnell*.
121- *Dans la Forêt de Villefère*, dans le recueil *L'Homme Noir*.
122- *Le Loup-Garou*, dans le recueil *Le Pacte Noir*.
123- Le désespoir consécutif au décès de sa mère semble pourtant une explication plausible.
124- Dans le recueil *Conan, la naissance du monde*.
125- Plus connu sous le sobriquet de *Livre noir* ou sous son titre allemand : *Unaussprechlichen Kulten*.
126- Et des histoires de pirates, de boxe...
127- Quelques-uns des plus antipathiques aussi... (voir la nouvelle *Magie noire à Canaan*, dans le recueil *Le Pacte noir*).
128- C'est dans les théories des théosophes (principalement Helena P. Blavatsky et William Scott-Elliot) qu'on trouve ces références à la «Lémurie perdue». Quant aux lémuriens, ce sont bien des primates mais non des singes.
129- *L'Homme Noir*, dont l'édition française est incomplète.
130- Titre français : *La Chose ailée sur le toit*.
131- Titre français : *L'Œuf de jade*.
132- *Jimgrim* (1931), inédit en français.
133- *The Devil's Guard* (1926), inédit en français.
134- *Black Light* (1930), inédit en français.
135- S'il est devenu presque banal aujourd'hui, ce procédé littéraire consistant à expliquer un événement réel et mystérieux par un événement imaginaire et secret était par contre assez novateur à l'époque.
136- Plus exactement : «à classer».
137- Raccourci pour le moins saisissant, sur lequel un historien pourrait peut-être trouver à re-

dire mais dans lequel on reconnaît immédiatement Bergier...
138- Co-écrit avec Louis Pauwels.
139 Bergier veut peut-être dire « inextricable ».
140- Rappelons qu'en 1914, H.G. Wells publie un roman, *La Destruction Libératrice*, où est décrit l'emploi de la bombe atomique !
141- *I see sunrise,* inédit en français.
142- Bergier veut dire «américaine».

TABLE DES MATIÈRES

Préface : *Jacques Bergier, mythe ou réalité ?* (Patrick Clot)   9

ADMIRATIONS, Jacques Bergier
Prologue   19

Chapitre I : John Buchan ou *Le Prophète au Manteau Vert*   25

Chapitre II : Abraham Merritt ou *Les Ténèbres Tangibles*   39

Chapitre III : Arthur Machen ou *Les Sacrements du Mal*   51

Chapitre IV : Ivan Efremov ou *La Nébuleuse d'Andromède*   67

Chapitre V : John W. Campbell ou *Le Manteau d'Æsir*   81

Chapitre VI : J.R.R. Tolkien ou *Le Seigneur des Anneaux*   91

Chapitre VII : C.S. Lewis ou *La Rançon*   105

Chapitre VIII : Stanislas Lem ou *L'Avenir Impossible*   117

Chapitre IX : Robert E. Howard ou *Le Phénix sur l'Epée*   131

Chapitre X : Talbot Mundy ou *Les Neuf Secrets des Neuf Inconnus*   147

Postface : *Une lueur d'espoir*   157

Epilogue   158

Note sur la revue *Argosy*   159

Néo-Postface : *Au revoir, monsieur Bergier* (Christophe Thill)   163

Notes   169

POURQUOI ADHERER A L'ODS

En plus de rassembler toute une « faune de l'espace » passionnée de littératures de l'imaginaire, science-fiction, fantastique, fantasy, etc et tant de chercheurs érudits des univers de l'étrange, l'ODS est une association active qui organise ou coordonne de nombreux événements dans les domaines qui nous intéressent.

C'est un fait que l'activité de publication de fanzines qui était son expression principale à ses débuts a dû être transférée vers notre maison d'édition, EODS, faute de lecteurs assidus dans un secteur qui s'est peu à peu reporté vers le web. Certaines revues ont disparu, d'autres sont nées à cette occasion. Force est de nous adapter au potentiel du lectorat d'aujourd'hui, et nous voilà au XXIe siècle !

Toutefois, tout en nous adaptant, nous tenons, à l'ODS, à préserver cette convivialité qui fut toujours la première motivation de notre existence associative. C'est pourquoi nous poursuivons avant tout l'organisation de rencontres, conférences, congrès, dîners thématiques et autres missions scientifiques autour des thèmes qui nous sont chers. Participer à ces nombreuses activités, les organiser ou permettre à certains invités de venir y présenter leurs travaux, voilà aujourd'hui la vocation de l'ODS. Ainsi, tout au long de l'année, vous êtes conviés à nous rejoindre lors de dîners informels, comme celui du Nouvel Eon en janvier, et toutes sortes de rencontres à thèmes intitulées « on the spot », selon le calendrier de la venue d'auteurs en région parisienne, ainsi qu'à des colloques de haute teneur dont ceux organisés à Rennes-le-Château (ARTBS) ou à Paris comme le Congrès Fortéen, les journées Heuvelmans ou Jacques Bergier, etc, mais aussi à nous rendre visite sur les stands des nombreuses conventions auxquels nous participons.

L'organisation de ces événements et la participation de l'association à ceux organisés par d'autres sont aujourd'hui devenus notre activité principale, car c'est ce qui fait vivre notre univers littéraire et préserve ce caractère unique qui nous plaît. Si certains supports de lecture disparaissent petit à petit au profit de medias plus modernes – du fanzine au webzine, des listes de discussions aux réseaux sociaux, etc. – il reste que nous sommes tous attachés aux livres originaux au format papier, non seulement à l'objet que l'on peut aujourd'hui commander en trois clics, mais surtout à ce qui va autour, c'est-à-dire les rencontres, les discussions, le partage et les possibles collaborations qui s'improvisent au gré des initiatives de nos membres les plus passionnés et, bien entendu, au plaisir de lire !

    La participation de chacun à cette fourmillante activité littéraire et autour de la littérature se coordonne le plus simplement possible par le moyen de notre association, et c'est la raison d'être de l'ODS. En y adhérant, et surtout en participant par votre présence et votre concours à ces rencontres, ainsi qu'à la naissance et la réalisation de nouveaux projets, vous nous aidez à prolonger la vie de notre multivers littéraire. Bienvenue à tous et merci pour votre présence !

Emmanuel Thibault, membre du Conseil de AODS.

LES ÉDITIONS DE L'ŒIL DU SPHINX
SARL au capital de 15.245 €
R.C.S. Paris B 432 025 864 (2000 B11249)
36-42 rue de la Villette
75019 PARIS
Mail ods@oeildusphinx.com
http://www.œildusphinx.com
http://boutique.œildusphinx.com
Tél 09.75.32.33.55
Fax 01.42.01.05.38

Toutes nos parutions sont sur :
boutique.oeildusphinx.com